JN063246

大学体育
スポーツ学への招待

日本体育大学教授
関根　正美

日本体育大学教授
中里　浩一

日本体育大学教授
野井　真吾

編集

日本体育大学教授
大石　健二

日本体育大学教授
鈴川　一宏

日本体育大学教授
小林　正利

NAP
Limited

■編　集

関根　正美　日本体育大学　オリンピックスポーツ文化研究所　所長/体育学部　教授

中里　浩一　日本体育大学　体育研究所　所長/保健医療学部　教授

野井　真吾　日本体育大学　スポーツ危機管理研究所　所長/体育学部　教授

大石　健二　日本体育大学　体育学部　教授

鈴川　一宏　日本体育大学　体育学部　教授

小林　正利　日本体育大学　体育学部　教授

■執　筆（執筆順）

髙尾　尚平　日本体育大学　体育学部　助教

尾川　翔大　日本体育大学　スポーツ危機管理研究所　助教

冨田　幸祐　日本体育大学　オリンピックスポーツ文化研究所　助教

小川まどか　日本体育大学　体育研究所　助教

大田　崇央　日本体育大学　大学院体育科学研究科　助教

伊藤　雅広　日本体育大学　大学院教育学研究科　助教

山口　雄大　日本体育大学　大学院体育科学研究科　助教

沼津　直樹　日本体育大学　大学院体育科学研究科　助教

高橋　和孝　日本体育大学　体育学部　助教

小谷　鷹哉　日本体育大学　体育研究所　助教

田村　優樹　日本体育大学　体育学部　助教

橋本　佑斗　日本体育大学　体育学部　助教

槇野　陽介　日本体育大学　ハイパフォーマンスセンター　助教

小林　靖長　日本体育大学　スポーツ・トレーニングセンター　トレーニング指導員

中澤　翔　日本体育大学　ハイパフォーマンスセンター　助教

苫米地伸泰　日本体育大学　スポーツ・トレーニングセンター　助教

青木　稜　日本体育大学　体育学部　助教

堀　彩夏　日本体育大学　ハイパフォーマンスセンター　助教

田中　良　日本体育大学　体育研究所　助教

山田　満月　日本体育大学　大学院体育科学研究科　大学院生

松田　知華　日本体育大学　大学院体育科学研究科　大学院生

鴻﨑香里奈　日本体育大学　保健医療学部　助教

矢野　広明　日本体育大学　コーチングエクセレンスセンター　助教

富永梨紗子　日本体育大学　コーチングエクセレンスセンター　助教

まえがき

　本書は，これから大学で体育学・スポーツ科学を本格的に学ぶ人のために書かれた。我々が何を期待してこのテキストを編集したのか，いわば体育・スポーツの研究をスタートさせる君たちにメッセージを贈っておきたい。

　まずは「目次」を見てほしい。君たちは体育・スポーツ研究方法論の守備範囲の広さに驚くのではないだろうか。高校までの学校教育の科目でいえば，保健体育を飛び越えて，国語，数学，理科，地歴公民，英語の範囲にまで及んでいる。体育・スポーツ学は人間の営み全体を対象にしていることがわかるだろう。なんと内容の豊穣な分野だろうか。

　体育・スポーツ学は何を目指すのだろうか。最も広い分野名の「体育学」で考えてみよう。我々教員も君たち学生も，体育学を学び研究している。カウンセリングは人の悩みを取り除いてくれる。医学は人の痛みを取り除いてくれる。では，体育教師・体育学者は？　体育は人に何をもたらしてくれるのだろうか。答えは１つではないかもしれない。けれども，１つだけ言えることがある。それは，体育は人に希望をもたらすものであって，教師，指導者をはじめとする体育の専門家は，スポーツや身体運動を通じて人々に希望をもたらす存在なのだ。君たちは希望をもたらす人になるために，これから大学で学ぶことになる。それが大学で体育学を学ぶということなのだ。

　では，次に「参考文献」をみてみよう。難しそうな本や論文が並んでいるね。ここでは英語も出てくる。これらを見ただけで参ったと思うかな。でも，大丈夫。このテキストを書いている先生方だって，研究をスタートした学部生の頃は，それらの文献を完璧には読めなかったんだ。それどころか，君たちと同じ年代の頃に，こんな難しい文献を見たことはなかったかもしれない。君たちは今，すでにこれらの文献を目にしている。テキストを書いている先生方よりも，君たちの方がすでに１歩リードしている。胸を張って学び始めよう。学問研究の世界へようこそ。

　ここからは，日体大生諸君に我々から先輩として一言。

　君たちは，体育教師をはじめとした自分の将来をイメージして，日体大に進学してきたと思う。まずは自分のために学んでほしい。けれども，君たちが体育学を学んだ結果は，学校体育やスポーツの現場をはじめとして，全国津々浦々，さらには世界の各地で人々に希望を与えることになるだろう。皆さんが体育学を真剣に学ぶことが，人類のためになる。日体大で体育学を学ぶとは，そういうことなのである。このテキストを携えて，大いに学び始めよう。焦らなくてもよい。確実に１つの項目を，次に１つのテーマを。君たち自身の夢の実現のために。そして人類の未来と幸福のために。

2021 年 3 月

編者一同

目　次

1 体育とスポーツについて哲学する

髙尾　尚平

1．体育・スポーツ哲学への招待

　「体育・スポーツ哲学」と聞いてピンとくる人がどれだけいるだろうか。この言葉は，多くの人にとって耳慣れないものであると思う。私たちの多くは，体育やスポーツについてはそれなりに知っている。一方，哲学となると自分には疎遠なものであるかのように感じてしまう。

　けれども，本当にそうだろうか。私たちは，本当に体育やスポーツのことについては知っていて，哲学に関しては疎遠なのだろうか。「体育・スポーツ哲学」という言葉を理解するにあたって，まずは，この前提を問い直しておく必要がある。

　例えば，教育実習にいくことを想像してみてほしい。私たちは，実習先の生徒から，「先生，体育って意味あるんですか？」と問われたら，どう答えるだろうか。あるいは，厳しい練習や上下関係の中でスポーツに打ち込んだ日々を思い出してみてほしい。その時，自分に問いかけたことがある人もいると思う。「そもそも自分は，何のためにスポーツをやっているのか？」と。

　この手の問いは，私たちが体育やスポーツについて知っていると思っていた常識を，根底から揺るがす。練り上げた授業計画も，勝利のための猛練習も，こうした問いの前では無力である。問われているのは，「体育授業をどのように展開するか」や「スポーツでの勝利に何が必要か」ではなく，体育やスポーツとの向き合い方そのものだからである。これはとてもやっかいな問いである。

　だが，この手のやっかいな問いに立ち向かおうとする時，実のところ私たちは，哲学することの入口に立っている。哲学することとは，自己が対峙する現実から，「本当は何か」を問い深める営みである。哲学が問うのは，物事のとらえ方や考え方そのものである。「体育って意味あるんですか？」や「何のためにスポーツをやっているのか？」という問いは，私たちを「本当は何か」を探究することへ誘う。こうした問いは，インターネットで検索したからといって，納得のいく答えが得られるものではない。こうした問いに対しては，私たち1人ひとりの人間が「本当は何か」を問い深め，自力で納得のいく答えに迫っていくほかない。

　その意味では，私たちにとって哲学は，決して疎遠なものではない。そればかりか，哲学することは，私たちが生きることと密接にかかわっている。人は，哲学する時，自分と世界とのかかわり方そのものをもつくり変えていく。私たちは，「本当は何か」を問い深めることにより，体育やスポーツとの向き合い方そのものを不断に変えていくことができる。つまり，体育もスポーツも哲学も，私たちと密接に関係する活動なのである。

　もっとも，哲学するためには，自分の心の中で「本当は何か」と自問しているだけでは不十分である。哲学することはモノローグではない。哲学することの基本はダイアローグである。つまり，他者

との対話こそが哲学することの基本である。「本当は何か」を問い深めるためには，一度，自分の思考の圏外へ足を運んでみる必要がある。スポーツで練習試合が重要であるように，哲学することにおいても思考の遠征が不可欠である。

　そこで本章では，体育やスポーツをめぐる「本当は何か」を探究していきたい。本章では，これまでの体育・スポーツ哲学の系譜を踏まえながら，体育とスポーツについて考える。読者は，必ずしも本章の内容に賛同する必要はない。「それ，本当？」と疑ってもよいし，むしろそうした問いこそがここでは重要である。そのような問いに出会うことができたなら，すでに，体育・スポーツ哲学の世界に足を踏み入れていることになるからである。

2. 体育について哲学する

　「**体育**」とは何か。この点を問うことが，体育について哲学することの出発点である。体育といえば，人びとが体操やスポーツをしている場面が思い浮かぶ。では，「体操・スポーツ＝体育」なのだろうか。そうだとすれば，公園で体操をしている人も，仕事終わりにフットサルを楽しむ人も，体育をしているということになる。だが，少し考えればわかるように，こうした活動を体育と呼ぶことには違和感がある。私たちは，友人らに対して，「仕事終わりにフットサルコートで体育しようぜ」などとは言わない。この場合には，「フットサルしようぜ」と声をかけるはずである。体育を，体操やスポーツと同一視することには，やはり違和感がある。そうであるとすれば，体育とは「本当は何か」[注1]。

　体育を考えるにあたって，まず着目すべきことは，それが「**教育**」であるという前提である。教育とは，読んで字のごとく「教え育てる」ことである。この「教え育てる」が成立するためには，「教える人」と「教わる人」の存在が不可欠である。つまり，体育が成立するためには，「教える人」と「教わる人」の間で，「教えること」と「教わること」が機能している必要がある。体育の本質の1つは，「教える人」と「教わる人」の**関係性**にある。

　では，教育（体育）は，何を目標にして「教わる人」を教え育てようとするのか。この点を明らかにするために，次は，私たち人間の生について考えてみる。私たちは，数ある生物種のなかのヒト[注2]として生まれてくる。生まれたばかりのヒトは，独力で栄養を摂取することはできず，生存すら危うい。また，かろうじて肉体的な発育を遂げたとしても，それだけではこの世界のうちで十全に生きていくことはできない。私たちが生きる世界は，「食うか食われるか」の動物界ではなく，言語や知識，法や宗教，規則やマナー，経済や科学といった人間特有の諸文化を基盤とする世界だからである。そのため，「食べたいから他人を殺してでも食べる」という本能的行為は，この世界では罰せられる。また，働かなければ，食べることや住まうことすらままならない。そもそも，言語や知識の習得がなされなければ，この世界の秩序を知ることすら困難である。

　ヒトがこうした世界で生きていくためには，他者の導きが必要である。教育の必要性はこの点にある。教育の目標は，「ヒト」を「**人間**」に変えていくところにある[注3]。その意味するところは，第一

注1) 以下では，体育の概念について論じていく。以下の記述は，文献1, 15に基づくものである。体育について詳しく知りたい人は，これらの文献を直接手に取って参照してほしい。

注2) 本章では，「ヒト」と「人間」を使い分けている。「ヒト」とは，生物学上の概念であり，人間特有の諸文化を身にまとっていない存在を想定するための概念である。一方「人間」は，動物にはみられない独自の諸文化を身にまとった存在であり，教育を受ける以前の「ヒト」とは区別される概念である。

注3) 具体的にどのような「人間」を育てていくべきかは，国や地域，時代などによってビジョンが異なる。例えば，わが国の学校教育に関していえば，育むべき人間像が，学習指導要領により示されている。また，地域の実態や特色に即した教育指針は，各都道府県の教育委員会が打ち出している。

義的には，ヒトの生存を助け，ヒトをこの世界へ順応させることである。教育では，ヒトの心身を生存可能なレベルへ導き，言語や規則などの諸文化をヒトへ教えていくことが求められる。とはいえ，教育の使命はこれだけではない。教育の使命がヒトの生存の確保や既成世界への馴致（慣れさせること）のみであるとすれば，教育の成果は，人びとの画一化・均質化でしかなくなってしまう。教育の使命は，「教わる人」が既成の世界を相対化し，新たな価値を実現しうるだけの人格を育むことにもある。したがって，教育の目標は，「教わる人」を既成の世界へ順応させていくことのみならず，既成の世界を足場としながら新たな価値を実現しうる人格を育てていくことにもある。

　以上の教育のプロセスは，学校教育においては，教師（教える人）と児童・生徒（教わる人）の関係性のうちで行われる。わが国の学校教育では，様々な教科から「ヒト」を「人間」へ導いていくためのアプローチがなされる。例えば中学校では，国語，数学，理科，社会，英語，音楽，美術，保健体育，技術・家庭といった諸教科が設定されている。では，体育からの教育へのアプローチはいかにしてなされるのか。

　体育からの教育へのアプローチは，**身体面**よりなされる。身体面から「ヒト」を「人間」へ導くのが体育である。体育では，教育の目標を達成するために，諸種の身体運動を「**教材**」として用いる。この「教材」に位置づけられるのが，体操やスポーツなどである。もちろん体育では，ただ単に体操やスポーツを児童・生徒にやらせておけばよいわけではない。教師は，教育目標を達成するために体操やスポーツなどを活用するのであり，教育上の諸目的に合わせながら，体操やスポーツの様式をそのつど改変し教材化を図る必要がある[注4]。つまり，体育においては，児童・生徒の肉体をムキムキにすることや，トップアスリートを育成することが目標なのではなく，体操やスポーツなどの身体運動を媒介にして，「ヒト」を「人間」へ導いていくことが目標なのである。

　ここまでの考察からは，体操やスポーツと，体育との違いが明らかになってくる。体育とは，「教える人」と「教わる人」の間で成立する関係概念である。体育の目標は，身体面から「ヒト」を「人間」へ導くことである。そのために体育では，体操やスポーツなどの身体運動を「教材」として用いる。したがって，体操やスポーツは，体育の「教材」ではありえても，体育そのものではない。

　さて，私たちは，以上の考察をもって，体育に関する基礎的・原理的な理解を獲得したといえるだろう。とはいえ，意地悪な人はさらに次のように問うかもしれない。「そもそも，身体面からのアプローチなど教育に必要なのだろうか？　教育は，読み書きや計算，人間社会や自然の摂理に関する知識を教えることで事足りるのではないか？」。保健体育の教師を目指す人にとっては，いささか不愉快な問いだろう。だが，こうした問いもまた，哲学的な問いとして尊いものである。こうした問いは，保健体育という教科的な枠組みを超えて，より広い視野から，教育における身体面の意味を考えることへ，私たちを導くからである。

　では，なぜ教育には身体面からのアプローチが必要なのだろうか。この点を考えるうえでポイントとなるのは，知識と身体面とのかかわりである。知識と身体面は，往々にして無関係のものと思われがちである。だが，実際にはそうではない。身体を介した学びは，知識を生きた知恵へ変換する。

　知識の習得を考える時，真っ先に思い浮かぶのは，座学における学習だろう。座学では，教科書を介して知識の習得が図られる。とはいえ，教科書から学ぶことのできる知識は，学ぶべき事柄の半身

注4)　体育の「教材」に関する研究は，主に，体育科教育学という学問領域でなされている。例えば，『楽しい体育の授業』や『体育科教育』といった雑誌では，様々な「教材」の特色や授業を効果的に実践するためのポイントなどが示されている。こうした資料を参考にすることで，どのような「教材」がどのような教育的効果を発揮しうるのかを学ぶことができる。

でしかない。教科書に書かれている知識は，学ぶべき事柄そのものではないからである[3]。どういうことだろうか。

　ここでは，歴史の授業を取り上げてみる。歴史学習の目標の 1 つは，平和で民主的な社会を形成するための資質・能力を育てることである[11]。そのために，歴史の授業では，人類が歩んできた過去を，教科書などを介して学んでいく。だが，教科書から学びうることは，平和や民主的な態度そのものではない。平和や民主的な態度は，戦争や平和条約の名称を暗記することによって学ばれるものではなく，他者とのアクチュアルな関係のうちで身をもって学ばれるものだからである。教科書を暗記させるのみでは，教科書に書かれた知識が児童・生徒の生き方と結びついていかない。

　教育における身体面の必要性は，このギャップを埋めていく点にある。教科書に書かれた知識を暗記するのみでは，児童・生徒はそれを学ぶ自分自身のあり方を学ぶことはできない。先の例に則していえば，平和や民主的な態度を実現するうえでの難しさやそれらを体現した時の手ごたえは，教科書から学ぶことのできないものである。人類が歩んできた歴史を児童・生徒が生きた知恵として学ぶためには，他者とのすれ違いや他者との共同を身をもって経験する契機が必要である。例えばそれらは，スポーツでの競争により経験しうるものであるかもしれないし[注5]，合唱コンクールにおける気まずさや一体感によって経験しうるものであるかもしれない。児童・生徒は，身体面を介した学びから自身の内面に働きかけることができるのであり，他者や状況とのかかわりから生きた知恵を学ぶことができるのである。教育における身体面の意味は，いわば，知識と児童・生徒の生き方を結びつけるところにある[注6]。

　こうしたことを考えると，身体面からのアプローチは，教育において重要な位置を占めていることがわかる。知識は，身体を介した学びを経ることで，内実豊かな知恵となる。教育の成果は，人間の身体面を経由して具現化する。そのため，教育における身体面の意義は，保健体育という教科の内部に閉じられるものではない。その意義は，すべての教科に通底するものである。したがって，私たちは，教育全体の目標や他教科とのかかわりを視野に入れながら，体育のありかたを間断なく考えていく必要があるだろう。体育の意義は，保健体育という教科的枠組みを超え出たところで成就すべきものなのである[8]。

3. スポーツについて哲学する

　「**スポーツ**」とは何か。ここからは，スポーツの本質や意味を探究していく。スポーツについて改めて考えてみると，実に不思議な文化現象であることに気づく。スポーツでは，手でボールを扱ってはいけなかったり，3 歩以上動いてはいけなかったりする。こうした条件は，一般社会では不条理であるほかない。にもかかわらず，私たちはスポーツに没入し，スポーツから様々なことを学ぶ（報酬を一銭も得られないとしても！）。人はスポーツをする時，日常生活とは別の論理に突き動かされているようである。もう 1 つ不思議な点がある。バスケットボールとフェンシングは，異なるものである。

注5) なお，体育授業においてスポーツの競争をどのように位置づけていくべきかについては，競争の廃止論から擁護論まで様々な見解が示されている。こうした中，それぞれの見解に共通しているのは，スポーツの競争原理がもたらす負の側面への自覚である。例えば，競争原理の過度な強調は，傲慢さや攻撃性，低い自己評価や創造性の廃退などを，児童・生徒へもたらすといわれている。体育授業に競争原理を持ち込むことは，いわば諸刃の剣なのである。そのため，スポーツの競争を体育へ取り入れ，そこから教育的効果を引き出すためには，適切な教材化や児童・生徒への配慮が不可欠となる[2]。

注6) ここまでの論点をより詳細に理解するためには，樋口の研究[5,6]が参考になるだろう。

競泳と野球もまた，異なるものである。けれども，私たちは，それらを「スポーツ」という一語で表現することができる。まるでそれらは，何か共通の本質を分かち持っているかのようである。スポーツと呼ばれる活動は多様でありながらも，私たちは一様にそれらを「スポーツ」として理解し，スポーツを通して苦楽を享受している。ここに，スポーツの本質にかかわる問いが生じてくる。スポーツとは「本当は何か」。

　スポーツの本質を理解するために，まずは，私たちが慣れ親しんできたスポーツ種目の共通項を取り出してみる。バスケットボールやフェンシング，競泳や野球といった諸種目に共通するのは，さしあたり**競争**の存在であるだろう。いずれの種目も対戦相手との競争を含んでおり，競技者は対戦相手に勝ることを目指してプレーする。競争は，スポーツの本質の 1 つである。

　もちろん，スポーツにおける競争は，相手に勝ることを目指すにしても，ケンカや戦争とは異なるものである。スポーツにおける競争は，制限された手段により行われる。競技者は，例えば，相手より多く得点することや相手より速くゴールに着くこと，あるいは，相手より遠くへ投げることなどによって勝敗を競う。スポーツの競争は，勝敗を決定するための特殊な方法のうちで執り行われる。

　では，勝敗を決定するための特殊な方法は，何によって定められているのだろうか。それは，**ルール**によってである。ルールは，スポーツの競争を成立させるにあたり，どこまでが許される行為でどこからが許されない行為であるかを規定する。驚くべきことに，スポーツのルールは，相手より多く得点することや速くゴールに着くことといった諸目的を効率的に行わせないように設定されている。サッカーを取り上げてみよう。サッカーでは，相手より 1 点でも多く得点したチームが勝ちである。常識的に考えると，あの長方形のゴールへボールを確実に入れるためには，ゴールに最も近い場所で手を使ってキーパーのいない位置を狙う方法が最適である。だが，こうした最適の方法は，サッカーにおいて許されていない。それらは，オフサイドであり，ハンドである。スポーツのルールは，目的を達成するための最も効率的な手段を禁止する。だが，同時にルールは，スポーツというゲームを構成し，面白さを創出する[12]。ルールの存在もまた，スポーツの本質の 1 つである。

　こうしたルールの特性ゆえに，スポーツは特殊な身のこなしを競技者へ要求する。バドミントンにおいて競技者は，相手の隙を確実に狙いうるだけのラケット操作を身につけておく必要がある。また反対に，相手に隙を与えないための脚力や体力を獲得する必要もある。こうしたことは，将棋やチェスとスポーツを隔てる点である。もちろん，将棋やチェスにもルールは存在しており，駒を進める際には身体的な動作が発生する。だが，将棋やチェスでは，初心者であっても玄人であっても，意図した場所へ駒を進めることはたやすい。一方，スポーツでは，練習を伴った**身体的技能**が自身の意図を実現するための必須条件となる。身体的技能の習得が必須条件となる点に，スポーツの特色がある。

　以上のことからは，「競争」「ルール」「身体的技能」という 3 つのスポーツの本質を抽出することができる。とはいえ，これらのみでは，スポーツがスポーツであるための条件を満たすことはできない。スポーツが成立するためには，競技者個々人の「**ゲームをプレーしようとする態度（lusory attitude）**」が必要となるからである。次のような状況を考えてみてほしい。スタートの合図と同時に，ヒップホップダンスを踊りながら徐々にゴールを目指す陸上選手がいるとする。このことは，ルールに違反していないし，身体的技能も伴っている。だが，こうしたふるまいはスポーツにとって破壊的である。こうしたふるまいをすべてのレーンの選手がすれば，そもそも陸上競技というスポーツは成り立ちえないからである[7]。スポーツがスポーツとして成立するためには，競技者がルールの非効率性を受け入れ，そのうえで，主体的に勝利を追求しようとする態度が不可欠である。スポーツは，ルー

ルと身体的技能に基づく競争を，競技者が主体的にプレーすることにより成立するのである^{注7, 8)}。

　さて，ここまでの考察を踏まえると，スポーツの世界が一般社会とは別の論理を有していることがわかるだろう。私たちの日常は，ますます便利で効率的なものとなってきている。にもかかわらず，スポーツは，非効率的な世界を私たちに用意する。マラソン選手は，車で快適に移動できるはずの距離を自らの身体を酷使して走り抜く。それも，ありふれた街の風景の中を，緊張と高揚感を携えながら駆けていくのである^{注9)}。ここに，利便性や効率性とは異なる人間の生き方がある。人は，スポーツをする時，日常生活より以上の生を享受しているように思える。では，私たち人間がスポーツを通して享受しうる生とは，どのようなものだろうか。最後に，この点について考えていく。

　先に述べた通り，私たちの生活は，便利で効率的なものに取り囲まれている。自動車は，私たちの脚の代わりを務めてくれるし，ICT（information and communication technology：情報通信技術）は，かつては人を伝うことでしか入手できなかった情報を瞬時に私たちへ届けてくれる。便利であるということは，自分以外の他のものが，自分の代理を務めてくれるということである。だが，別の角度から考えると，便利であるということは，自分自身で成し遂げる機会が私たちの生から失われていく過程であるともいえる。自らで成し遂げる機会を失う時，同時に人は，自らの生き方をも見失う。利便性や効率性だけでは，人は自らの生き方を掴み取ることはできない。

　人が自らの生き方を理解していくためには，自らで成し遂げる経験が必要である。スポーツが人間を惹きつける理由はここにある。人はスポーツをする時，自らで成し遂げることを経験する。スポーツの場面では，誰も自らの代理を務めてはくれない。シュートを放つ時，スターティングブロックに足をかける時，バッターボックスに立つ時，人は代理不可能な自己の存在に出会う。かくして人は，自らを深く理解するのであり，自らの生き方を新たに創り出すことができる。スポーツをする時，人は，不安や挫折，筋の痛みなどを伴いながらも，自らで成し遂げることを経験するのである^{注10)}。

　「自らで成し遂げること」を基軸にスポーツをとらえ返す時，スポーツにおける競争は，勝ち負け以上の意味を有するものとなる。勝ち負けがスポーツのすべてであるのならば，私たちは自分よりも格段に弱い相手と対戦し続ければよい。だが，こうした競争からは，勝利を得ることはできても，自らで成し遂げる経験を享受することはできない。自らで成し遂げることを経験するためには，私たちの勝利を拒むことができるだけの対戦相手の存在が不可欠である。このことの事情は，対戦相手にとっても同様である。このように考えると，スポーツにおける競争は，競技者同士が互いを高めていくための共同行為であるといえるだろう^{注11)}。人は，スポーツをする時，対戦相手からの挑戦に応えるこ

注7）ここまでのスポーツの本質に関する考察は，Suits の研究¹⁸⁾を基調にしている。

注8）なお，ここで示したスポーツの本質は，あらゆるスポーツに該当するものではない。本章で考察してきたスポーツの本質は，あくまで，オリンピックやインターカレッジなどで行われるような**競技スポーツ**（competitive sport）にのみあてはまるものである。現実には，勝敗の決着を目的とせずに技を披露し合うようなスポーツもあるし，自然と対峙することを目的としたスポーツもある。ちなみに，昨今では，**e-sports** がスポーツであるか否かといった議論も巻き起こっている。この点にかかわる哲学的考察もなされているが，説得的な見解はいまだ示されていない¹⁴⁾。

注9）美学者の中井正一は，競技者がスポーツにおいて経験する特殊な気分を「**スポーツ気分**」と呼び，この「スポーツ気分」を分析することから，生産性や効率性とは異なる人間の生き方を考察した¹³⁾。中井の研究では，オールの操作を「筋肉によって味覚」することや，厳しい練習の過程で訪れる「最も苦しいにもかかわらず，しかも楽に漕げる境」など，スポーツ特有の気分が考察されている。

注10）ここまでの「自らで成し遂げること」に関する考察は，関根の研究¹⁶⁾に基づいている。なお，関根の研究のうちで「自らで成し遂げること」は「**達成**」ないし「**独創的達成**」という言葉で語られている。興味を持った人は，関根の文献を直接手に取って参照してほしい。

注11）アメリカの哲学者 Simon は，スポーツにおける競争の理想的な姿を「**卓越性の相互追求**（the mutual quest for excellence）」として規定した^{9, 17)}。Simon の考えでは，スポーツにおける競争は単なるゼロサムゲームではなく，競技者同士が互いに卓越性を追求する共同行為である。私たちは，こうした Simon の考えから，競争を勝ち負け以上の意味を持つ行為としてとらえ直すことができるだろう。

とによって，自らで成し遂げることを掴み取るのである^{注12)}。

　ここまで見てきた通り，スポーツは，人間にとって取るに足らない活動ではない。人間は，スポーツをすることで自らの生き方を確認することができるのみならず，自らのあるべき生き方を切り拓いていくこともできる。もっとも，スポーツには危険な側面があることも忘れてはならない。例えば，チームスポーツでは，役割分担を過度に強調するあまり，競技者を人格を有した人間としてではなく，交換可能な道具として扱うような諸問題が見受けられる^{注13)}。対戦相手を負傷させる役割を命じられコートに送り出される競技者も，現実に存在するのである。人間は，スポーツに生き方を見い出すことができる一方で，スポーツにより生き方を喪失することもありうる。こうした負の側面をも自覚したうえで，私たちはなおも哲学していく必要がある。

4.　体育・スポーツとの哲学的なかかわり方へ向けて

　本章では，体育とスポーツについて哲学してきた。本章の学びにおいて重要なことは，その内容を丸暗記することではない。本章の内容を受けて，哲学していくことである。体育とスポーツの身近な状況から考えてみてほしい。その時，様々な問いが立ち上がってくるはずである。例えば，下級生にばかり雑用をやらせるスポーツ集団の体質は，本当に望ましいものであるのか。本章で紹介したいくつかのアイデアは，こうした身近な問いを考えるためのヒントになるかもしれない。

　最後に，哲学することの基本を思い出しておく。哲学することの基本は，他者との対話である。体育やスポーツについて問いを抱いたら，友人やチームメイトなど，他者と対話をしてみるとよいだろう。教員を目指す同志とは，「保健体育の授業はいかにあるべきか」を議論してみると面白いかもしれない。また，チームメイトとは，「どのようなチームでありたいのか」を，腹を割って話し合うことも意義深いだろう。さらにそこへ，体育・スポーツ哲学の文献を持ち寄れば，そうした対話は優れた哲学の実践となる。私たちは，体育やスポーツで汗を流すのみならず，体育やスポーツと哲学的にかかわることもできるのである。

参考文献

1)　阿部悟郎：体育哲学―プロトレプティコス―，不昧堂出版，東京，2018.
2)　Aggerholm K, Standal ØF, Hordvik MM: Competition in physical education: avoid, ask, adapt or accept? Quest, 70: 385-400, 2018.
3)　古屋恵太：子どもにどうやって教えるのか？　In: 古屋恵太 編，教育の哲学・歴史，学文社，東京，pp.128-145，2017.
4)　長谷川憲：自己犠牲的チームプレイにおける選手の主体性―Sartre を手がかりに―．体育・スポーツ哲学研究，40: 63-77, 2018.
5)　樋口　聡 編：教育における身体知研究序説，創文企画，東京，2017.
6)　樋口　聡：感性教育論の展開　1―言葉の教育を考える．広島大学大学院教育学研究科紀要，67: 9-18, 2018.
7)　川谷茂樹：スポーツ倫理学講義，ナカニシヤ出版，京都，pp.75-76，2005.
8)　小松佳代子 編：周辺教科の逆襲，叢文社，東京，pp.167-174，2012.
9)　近藤良享，友添秀則 他訳（Simon RL 著）：スポーツ倫理学入門，不昧堂出版，東京，1994.
10)　久保正秋：体育・スポーツの哲学的見方，東海大学出版部，神奈川，pp.205-211，2010.

注12)　なお，スポーツにおける**敗北**もまた，私たち人間にとって特別な意味を持っている¹⁹⁾。敗北に伴う自己喪失の経験は，同時に，自己変革の好機でもある。敗北から立ち上がる時，人間は既存の自己を乗り越えていくことができる。
注13)　こうした問題は，スポーツの**疎外論**として研究されている。久保¹⁰⁾と長谷川⁴⁾の論考は，チームスポーツに潜在する本質的諸問題を理解するうえで参考になるものである。

11）文部科学省：中学校学習指導要領解説　社会編，2017．

12）守能信次：スポーツルールの論理，大修館書店，東京，pp.53-67，2007．

13）中井正一：スポーツ気分の構造，In: 中井正一全集　第1巻，美術出版社，東京，pp.393-406，1981．

14）Parry J: E-sports are not sports. Sport, Ethics and Philosophy, 13: 3-18, 2019.

15）佐藤臣彦：身体教育を哲学する―体育哲学叙説―，北樹出版，東京，1993．

16）関根正美：スポーツの哲学的研究―ハンス・レンクの達成思想，不昧堂出版，東京，1999．

17）Simon RL: Sports and Social Values, Prentice-Hall, New Jersey, 1985.

18）Suits B: The elements of sport. In: Morgan WJ, Meier KV eds, Philosophic Inquiry in Sport, 2nd ed, Human Kinetics, IL, pp.8-15, 1988.

19）Tuncel Y: Defeat, loss, death, and sacrifice in sports. Journal of the Philosophy of Sport, 42: 409-423, 2015.

column

「目に見える知」と「目に見えない知」

　私たちの身のまわりにある「知」には，大きく分けて2つのものがある。1つは「目に見える知」，もう1つは「目に見えない知」である。当然ながら，体育やスポーツにも，これら2つの「知」が存在する。

　今日の体育・スポーツは，科学と密接な関係を持っている。科学が私たちに提供するのは，「目に見える知」である。科学的な知は，私たちが肉眼で見ることのできなかった世界を数値によって「見える化」してくれる。人間は，この「見える化」により，偏狭な思い込みや無謀な行動をしないで済む。例えば，最近のスポーツ現場では，地獄のようなうさぎ跳びや脱水状態での過酷な練習はあまり見なくなった。こうした練習が功を奏さないことは，結果を見るまでもなく，科学的に「見える化」されているのである。今日では，体育授業の展開方法や競技力向上のためのトレーニング法，健康のための生活習慣といったものが，数値によって科学的に示されるようになってきている。なお，本書の後半は，こうした「目に見える知」にかかわるものである。

　一方，体育やスポーツには，「目に見えない知」も存在する。それは，哲学することによって迫りうる，本質や意味にかかわる知である。本章の内容は，この「目に見えない知」に該当する。哲学が問うのは物事のとらえ方や考え方そのものである。哲学は，「体育に存在意義はあるのか」「競技力とは何か」「なぜ人は健康にならなければならないのか」といった知を探し求める。哲学が探し求めるのは，形ではなく本質である。だから，哲学が探し求める知は，明確なかたちで「見える化」されるものではない。

　「目に見える知」と「目に見えない知」は，いずれも欠くことのできない両輪のようなものである。そのいずれかを欠く時，人間は往々にして間違う。「競技力とは何か」を問わなければ，そもそもどのような練習が必要となるのかを確定することはできず，惰性の練習を繰り返すのみとなる。一方，「競技力とは何か」がわかったとしても，科学的・合理的な練習がなされなければ，競技力を効果的に向上させることはできない。私たちは，「目に見える知」と「目に見えない知」をバランスよく学んでいく必要がある。本書は，こうした学びの世界へ読者を招待するものとなるだろう。

2 スポーツ歴史学の思考法

尾川　翔大

1. スポーツの歴史を考える

　スポーツ歴史学は，過去の人間のスポーツを，現在の歴史意識から，可能な限り確かな証拠と可能な限り飛躍のない論理に基づいて再構成したうえで，現在を生きる私たちのスポーツをめぐる歴史像に一石を投じる学問である。

　過去の人間のスポーツといっても，それが実践された地域と時代はきわめて広く，そのあり様は無限にある。さらに，スポーツの歴史を考える個人も，地域と時代に応じて，また，1人ひとりの個性に応じて，無数である。こう考えてみると，スポーツの歴史は壮大である。今の地球のどこにでも，あるいは，いつの時代の人類であっても，そこには必ずスポーツらしき活動の歴史が存在している。これまでのスポーツ歴史学が練り上げてきた一定のルールを学び，方法を身につけることで，誰もが知られざるスポーツの歴史を発見することができるし，新たなスポーツの歴史像を生み出すことができる。ありうべきスポーツの歴史の豊饒さ，スポーツの歴史の語り方の可能性を探ることで，新たなスポーツの歴史像を生み出していくのである。

　スポーツの歴史を考えることは，人間の歴史を考えることでもあり，スポーツの歴史には人間の姿が反映されているのである。歴史学的な見方で，「人間にとってスポーツとは何か」について考えてみることが，スポーツ歴史学である。

　本章では，スポーツの歴史を織り交ぜながら，スポーツ歴史学の思考法をいくつか提示しよう。歴史学は，史実を1つひとつ暗記することではなく，1つひとつの史実を結びつけてその意味を考えることを志向する。本章で取り上げるスポーツの歴史は，すべてを網羅できているわけではないし，提示する思考法もごく一部である。したがって，1つひとつの史実やその理解については，周辺の諸事情との連関のあり方を踏まえた時，その歴史像は理解の幅を大きく変えることになる。

2. スポーツと人物の歴史

　歴史上，著名な人物が数多くいるように，スポーツの歴史を考えるうえでも，広く名の知られた人物が世界中に点在している。嘉納治五郎やクーベルタン（Pierre de Frédy, baron de Coubertin）といった名前は，スポーツに親しんでいれば耳にしたことがあるのではないだろうか。体育に目を向けると，近代体育の源流に位置づけられるドイツのグーツ・ムーツ（Johann Christoph Friedrich Guts Muths），その影響を受けるドイツのヤーン（Friedrich Ludwig Jahn），スウェーデンのリング（Pehr Henrik Ling），デンマークのナハテガル（Franz Nachtegall），スイスのクリアス（Peter Heinrich Clias），フランスのアモロス（Francisco Amoros）らを挙げることができる。バスケットボー

ル考案者のネイスミス（James Naismith）のように個々のスポーツ種目ごとに有名な人物もいるだろう。

　著名な人物であれば，自らが，あるいは周囲の人びとが書き残したものが図書館や資料館に豊富に残されていることが多い。そうした人物の自伝や伝記を読んでいくと，その人物が何を考えていたのか，またその人物が生きた時代のあり様に肉薄することができる。そうした著名な人物は母国のみならず，他の国でも取り上げられることもある。例えば，ドイツ人研究者のニーハウス（Andreas Niehaus）は，日本語文献を丹念に読み解き，嘉納治五郎の生涯を描いた[6]。

　オリンピックを近代に復興させたフランスの貴族**クーベルタン**は，教育改革を通じて世界平和を目指した人物である。この普遍主義的理念を生涯にわたって抱き続けたクーベルタンを語る著作もまた，世界中で積み重ねられている。特にクーベルタンの思想と行動については，オリンピックの存在意義とともに絶えず問われ続けるものである。クーベルタンが何を目指したのかという問いを立てた時，それはオリンピックが単なるスポーツ大会ではなく，世界平和を目指すものであることを改めて考える機会となる。

　一方，スポーツの歴史には，教科書的な記述では通常取り上げられることのない人物が数多く登場する。例えば，大英帝国の植民地であったインドの**ランジットシンジ**（Kumar Sri Ranjitsinhji／Vibhaji Jadeja Ranjitsinhji）は，インド国内でイギリス流の教育を受けた後に渡英してケンブリッジ大学に進学し，クリケットのイングランド代表として活躍し，後年インドに戻り小さな藩王国の王となった人物である[3]。ランジットシンジの生涯をたどることで，西欧列強が植民地獲得競争を繰り広げた時代に，大英帝国とインドがスポーツを通してどのような関係性を築いたのかを考えることができる。ランジットシンジのような広く名の知られていない人物も，スポーツの歴史の俎上に載せてしかるべきである。

　ただし，こうした人物については，資料が必ずしも豊富に残っているわけではない。個人的な日記や同人誌的な雑誌を探し出すことを通して，初めて明るみに出すことができる人物も数多いのである。スポーツの歴史では，政治や文化の側面で功績を残したとみなされる人物が取り上げられることが多かった。しかし，スポーツに親しみかかわっていたのは，著名な人物のみではない。日常的にスポーツを実践したり，観戦したり，携わっていた人びとの姿も活き活きと描き出されてよい。今の私たち1人ひとりが書き残した言葉を，将来の歴史家が取り上げるかもしれない。1人ひとりの人生の中に埋め込まれているスポーツの経験もまた，スポーツ歴史学が取り上げるものである。

3. スポーツと思想の歴史

　私たちは，自らをスポーツに賭す中で練り上げられた**思想**を雄弁に語るスポーツ選手の迫力に慄く。スポーツの実践を通して思索を重ね，スポーツの思想を編み上げたスポーツ選手がいる。しかし，誰もがスポーツに親しみ，スポーツが社会的問題としても取り上げられる今日，スポーツ選手の思想はどれほど正確に届けられているのだろうか。インタビューでもなく，対談でもなく，自ら筆をとってスポーツの思想を雄弁に書き連ねたスポーツ選手がいる。

　中井正一は美学者として多くの秀逸な著書を残したが，同時に京都帝国大学のボート選手であり，1933年に「スポーツ気分の構造」というエッセイを哲学専門の媒体である『思想』に書いた[5]。しかしこれ以降，こうした哲学雑誌にスポーツ選手が自らの思想を論じるものが定期的に載ることはなかった。中井正一は美学者でありスポーツ選手であるという意味で稀有な存在ではあるが，この時代

のスポーツ選手は，スポーツの実践者としてのみ生きていたわけではなく，多面的な存在であった。

　スポーツの思想は古いものであるし，そのために哲学者の存在は欠かせない。哲学というと，何やら小難しく思えるかもしれないが，しかし，古代ギリシアの哲学者と身体運動には，ある関係性があった。実際に，古代ギリシアの哲学者ソクラテスは，身体を鍛えていた。その弟子プラトンにいたっては，レスリングの競技者だった。また，運動能力の高い哲学者がいても不思議ではない。国際スポーツ哲学会や世界哲学アカデミーの会長を務めたレンク（Hans Lenk）は，1960 年のローマオリンピックで金メダルを獲得した哲学者である [7]。哲学とスポーツは古代より深い関係にあり，それは，今日なお脈絡を失っていないのである。

　スポーツの思想は，個人だけのものではなく，社会的な規範として語られるような言葉としても現れる。そうしたスポーツの社会思想的なものは，古今東西様々に語られているが，その 1 つひとつにも時代性が刻印されている。

　19 世紀のイギリスで生まれた近代スポーツの中心的な思想として，アマチュアリズム，スポーツマンシップ，フェアプレー，アスレティシズムなどがある。このうち，いくつかは今でも耳にするのではないだろうか。しかし，これらの言葉は大英帝国のエリート教育と連動しながら立ち上がった倫理的規範である。これらの規範は，時間の経過とともに，その意味内容を変化させている。例えば，**アマチュアリズム**は，今日，営利を目的とせず純粋にスポーツを愛好しようとする考え方として理解されている観がある。しかし，もともとのアマチュアリズムは，19 世紀のイギリスの比較的社会階層の高い集団が，労働者階級の参加を制限する差別的な思想であった。このように，スポーツの思想が刻まれている言葉は，ある特定の時代に生まれたし，時代の流れの中で絶えず変化するものである。

4.　スポーツと技術の歴史

　スポーツ技術はルール，道具，施設などと密接な関係にある。スポーツ技術は，ルールによって制限され，道具を介して発揮され，施設の中で具現化されるものである。こうした諸条件の中で，スポーツ実践者は様々な技術を駆使するし，新たな技術を生み出していこうとする。

　スポーツ技術は勝ってこそ有効なものとみなされる。短距離走で**クラウチングスタート**という技術を用いることは，いまや常識となっている。しかし，この技術がクローズアップされたのは，1896 年の第 1 回オリンピック競技大会であった。ここで優勝したバーク（Thomas Burke）が 100 m 走でクラウチングスタートを採用したことから，皆がこぞってこの技術に着目するようになった。将来的には誰もがクラウチングスタートを採用することになるが，この技術が日の目を見てから，誰しもがクラウチングスタートを使うようになるまでのプロセスをたどってみてもよい。クラウチングスタートという技術の歴史をたどる中で，結果的に敗れ去り，歴史の中に埋もれていった技術を明るみに出すことができるかもしれない。これは，技術が大衆化する/しない要因を解き明かすものである。

　先にスポーツ技術はルール，道具，施設などと密接な関係にあると指摘したが，バスケットボールの**ドリブル**技術はその一例である。日本において大正末期から昭和初期頃に誕生した国産ボールは，手縫いで作られていたことから，使用中に変形しドリブル中にイレギュラーした。そのため，ドリブルはボールを視野に入れて体の正面でのみ行われていた。したがって，この時期，ドリブル突破は困難な技術であり，おそらく考えられたこともほとんどなかったのではないだろうか。しかし，昭和 25 年頃になると「革張りボール」が登場した。これはイレギュラーしにくいボールであった。そして，

昭和 30 年頃になると，ドリブルは「つなぎ」のプレーの段階を脱して「ボールキープ」の役割を担い，さらにはドリブル突破を含む得点に直結しうる「攻撃的」技術にまで昇華して，1 つの戦術ともなっていった[9]。ここから，道具の変容がスポーツ技術を変容させることを確認することができるし，技術と戦術が密接な関係にあることも示すことができる。

　ここでもう 1 つ見逃せないことは，スポーツ技術を変化させる要因としての科学技術の重要性である。1896 年にクラウチングスタートが日の目をみた時の記録は 12 秒フラットだったが，この時スパイクはなかったし，地面はタータンでもなかったのである。トレーニングの器材も劇的に変わっている。人類が 100 m 走で 10 秒を切って久しいが，記録の更新は人間が進化したというよりも，道具の変化による部分も大きいのである。

　スポーツ技術は，人間の身体運動のなせる技である。誰もが再現可能なスポーツ技術もあれば，一部の熟練者にしかできないようなスポーツ技術もある。人類は，いつの時代も目的を達成するために技術をより効果的なものに変化させてきた。現代は，科学技術がそれを強力に後押ししている。しかし，競技スポーツにおけるスポーツ技術は，科学技術が高度化していこうとも，最終的には人間の身体運動を抜きに語ることができないものであるはずである。

5. スポーツと道具・施設の歴史

　スポーツの**道具**や**施設**も，スポーツ歴史学にとって重要な題材である。道具や施設は，設備，装置，器械，器具などの言葉に置き換えてもよい。人間が身体運動をするという立場から，人間の問題として道具や施設を考えることは，スポーツ歴史学の思考法である。スポーツを実践する時，辺りを見回してみると，改めて道具や施設に囲まれていることに気づく。スポーツの実践は，運動のために作られた施設を利用したり，器械を用いて運動を実施したりして，具体的に展開しているのである。

　明治以降，日本に伝来してきたスポーツの道具や施設については，今日にいたるまで，その姿を変えてきた。これらは，広くとらえれば「モノ」である。具体的な物体としてのモノは，歴史を読み解く手がかりとなる。スポーツの道具や施設は，時代ごとの技術水準ともかかわっている。人工的につくられたモノには，人の意志が介在している。モノを通して，それぞれの時代に，それぞれの社会が，それぞれの社会層が，どのような道具や施設を利用できたのか。それは，人びとのスポーツ活動の可能性や限界にかかわる重要な要素であり，手がかりである。モノは，使用者の使い方次第で，単なるモノではなく，有用な意味を持つ道具へと姿を変えることになる。

　そして，そうしたモノを実際に手に取りながらスポーツの実践を想起して，過去のスポーツが行われている情景を思い浮かべてみるとよいのではないだろうか。過去を再構成する歴史学といえども，過去に使用された道具や施設に触れてみることで，それらについての歴史的理解の深度とふくらみをもたらすことができる。道具がどのようにして使われたのかは，その痕跡をみれば見当がつくこともある。野球のグローブには，ボールの捕球の痕が残っている。竹刀の「柄」や「ものうち」にも痕跡が残っている。それらは，道具から歴史を考えるヒントになる。今日使用されている道具も，将来的には貴重な資料になりうるモノである。

　また，スポーツの道具を陳列する博物館などは，モノがスポーツの歴史を語りうるのだ，という認識と深く結びついている。人は，文字だけでなく，モノを通して過去を忘れまいとする。世界には様々な博物館があるが，スポーツに関連するモノも数多く展示されている。あるいは，「足」を使って，

今では使われなくなった競技場の跡地を訪ねてみることも，歴史を考える手段の 1 つとして有効である。事前にそこで行われていた競技の様子を頭に入れたうえで，そこに出向いて当時の状況を想起することである。歴史的な想像力が試される。

　モノ自体は，それらのモノを生産する仕組みや技術に関係しており，それらの使用のために必要となる社会的仕組みにかかわっている。スポーツの道具や施設を作り出すことと工業化は結びついている。スポーツの道具や施設を宣伝することはメディアと結びついている。スポーツの道具や施設を販売することは企業と結びついている。あるいは，名人と呼ばれる人にしか作れない道具や施設もある。モノは，様々な人の手，意志，仕組みを介在して，使用者の手に渡るものである。モノは，そうした社会的仕組みを読み解くためのカギにもなる。

6.　スポーツ史の歴史

　人が過去や現在について書き記し，それを後世に向けて残しておこうとする営みは，人が文字を手にして以来，古くから認められるものである。しかし，近代的な学問としての歴史学が成立したのは，19 世紀のヨーロッパである。そして，スポーツの歴史を学問的に追及する時代を迎えるのは，20 世紀後半になってからである。それまでのスポーツの歴史は，スポーツ団体の事業の一環，あるいは，好事家による趣味の範囲で記されてきた。

　「**スポーツ史**」と題した著作が出版されたのは 1920 年代のことである。この用語は，まずフランスで，次にドイツで使われた。フランスではイギリス由来のスポーツが近代オリンピックの広がりと連動しつつ，1920 年にスポーツ協会から 2 巻の大著が発表された。ドイツでは，今日の体操競技の源流にあるトゥルネン（Turnen）を用いた体育史は存在していたが，「イギリスのスポーツか，ドイツの体育か」という論争を経て，1926 年にスポーツ史の 2 巻の大作が出版された。一方で，近代スポーツの多くを生み出したイギリスでスポーツ史への関心が示されるのは 1960 年代からで，それは限られた人たちによるものであった。日本においても，1930 年代前後に体育の教師や研究者によって「体育史」と題する書籍が刊行されていたが，1960 年代に入って，スポーツ史を掲げる書籍が散発されるようになった[4]。

　1970 年代に入ると，スポーツは世界的な規模での社会現象となり，世界共通語となった[8]。社会におけるスポーツの広がりを受け，いくつかの学術的な専門分野はスポーツを俎上に載せ，逆にスポーツの側では多くの問題を解決するために科学的な成果が役に立つと認められるようになった。1960〜70 年代にかけて，スポーツに関連する国際学会が立て続けに設立されるようになった。スポーツ歴史学も同様の流れの中にあり，国際的なスポーツ史学会や，各国のスポーツ史学会が設立されるようになった。日本においては，1950 年に設立された日本体育学会の専門分科会の 1 つに体育史があったが，それとは別に 1986 年にスポーツ史学会が設立されるにいたった。前述したように，スポーツが歴史学的に追及される制度的基盤が整えられたのは，20 世紀の後半になってからである。

　かつてはスポーツの歴史は好事家の趣味としかみなされていなかったが，今日ではスポーツの歴史は学問的追及の対象である。1980 年代に入ると日本では，人文・社会科学が特定の学問領域を超えた学際的な研究を志向する時代を迎えており，歴史学のあり方も問い直されるようになった。同時期，歴史学の世界的な動向では，文化人類学の影響を受けながら歴史における文化への問いかけが重要視されるようになり，スポーツ歴史学も大きな流れではなかったものの志向されるようになった[2]。

しかし，いまだスポーツ歴史学は学問の潮流に乗り切れていない面も少なくない。歴史学がそうであるように，スポーツ歴史学もまた時代の子であることから，時々の学問的潮流に応答し続ける必要はある。しかし，例えばポストモダニズムに対しては，歴史学から説得力のある応答があったが，スポーツ歴史学からそうした取り組みはいまだ見出されていないという意見もある [1]。その意味で，スポーツ歴史学には，楽観的ではあるが，探求する余地が豊富に残されているとみなすこともできよう。

おわりに

スポーツらしき活動は，いつの時代にもあったであろうが，近代社会を迎えてから今日にいたるまでのプロセスを経たスポーツは，「たかがスポーツ」とはいえないほどの影響力を持つようになった。競技や身体活動のみならず，スポーツ的要素は社会生活のいたるところに確認されるようになっている。こうした状況を踏まえると，今日のスポーツが，いかなる歴史的経過をたどってきたのかを問うことは，重要な意味をもつ。

スポーツの歴史を問うことは，自分自身の関心から発するものである。これに特にタブーはない。歴史像は，歴史について何かを問おうとする人がいて，初めて描かれるものである。1人ひとりの関心に沿って，スポーツの歴史像が積み上げられていくのだが，それはなるべく広い歴史的視野をもって描かれた方がよい。周辺の諸問題との連関のあり方を踏まえた時，その歴史像は，問題の理解の幅を大きく変えることになる。ただし，過去に起きた一斉の事柄をすべて正確に再構成できるわけではないことも肝に銘じておくべきである。知りうることは，ごく限られた側面についてのみである。

スポーツの歴史は，過去の人たちが生きた軌跡を対象としている。しかし，スポーツの歴史を調べて歴史像を提示するのは，その歴史に問いかけている者である。したがって，そこから描かれる歴史像は，歴史に問いかける者が，どのように現実をとらえ生きているのかと深くかかわっている。歴史像を提示する者は，自分の理解や判断が時代錯誤を犯していないか，あるいは現在の常識で過去を見てしまってはいないかと自分に問う必要もある。

絶えず蓄積され続けるスポーツの歴史について，既存の固定観念に囚われずにしなやかに考える必要がある。そのようなスポーツの歴史への問いと考察は，現在をとらえ，スポーツの未来を考えていく目を開くことにつながっている。

参考文献

1) Booth D, Falcous M: History, sociology and critical sport studies. In: Guilianotti R ed., Routledge Handbook of the Sociology of Sport, Routledge, London and New York, p.160, 2015.
2) 長谷川貴彦 訳（ピーター・バーク 著）：文化史とは何か，増補改訂版，法政大学出版局，東京，p.86, 2010.
3) 石井昌幸：インド─植民地経験からクリケット大国へ. In：坂上康博 他編，スポーツの世界史，一色出版，東京，pp.413-417, 2018.
4) 岸野雄三：スポーツ史研究の現状と課題. スポーツ史研究，1: 1-8, 1988.
5) 中井正一：スポーツ気分の構造. In：久野 収 編，中井正一全集 1，美術出版社，東京，pp.393-406, 1981.
6) Niehaus A: Leben und Werk Kanô Jigorôs (1860-1938): Ein Forschungsbeitrag zur Leibeserziehung und zum Sport in Japan, Ergon Verlag, Würzburg, 2003.
7) 関根正美：スポーツを思想として読み解く. 現代スポーツ評論，23: 38-39, 2010.
8) 高橋幸一：スポーツ学のルーツ─古代ギリシア・ローマのスポーツ思想，明和出版，東京，p.4, 2003.
9) 谷釜尋徳：日本におけるバスケットボールの専用球の改良とそれに伴うドリブル技術の発達に関する技術史的考察. スポーツ運動学研究，21: 45-59, 2008.

スポーツと人類学

　日本体育大学でスポーツに親しんできた者にとって，**スポーツ人類学**は非常に魅力的なものである。ただし，こんなことをいきなり言われても，あまり心当たりがないかもしれない。スポーツについて学ぶことは理解できるにしても，そもそも，スポーツ人類学という言葉に含まれる「**人類学**」というものをイメージすることが難しい。それは，ほかならぬ大学時代の筆者も同様であった。そこでまずは，人類学について若干の説明をした後，スポーツ人類学と日本体育大学のスポーツ好きの親和性を紐解こう。

　人類学は，人類の歴史の再構成を試みる学問として 19 世紀に欧米で誕生したものである。当初の人類学は，文化や社会を理解しようとすることに限定されるものではなく，ヒトを生物学的に研究する自然人類学（形態人類学，先史考古学，生理人類学など）においても，人類の進化を系統的に分類する学問として発展してきた。その後，文化や社会に根ざした人類学は，「**フィールドワーク**」という方法によって，異文化を他者との比較において理解を深めていく文化−社会人類学へと形を明確化していく。それはヒトの進化に関心をもつ自然人類学においても同様で，変異や適応にまで目が向けられるようになる。このように，それぞれの人類学は独自の道を切り拓くことになる。

　文化−社会人類学の学問的独自性を特徴づけるのは，フィールドワークという方法と，**文化相対主義**という思想である。人類学がいうところのフィールドワークは，観察者が調査対象とする社会の特定のコミュニティに 1 年以上身を置きながら，現地の人々との交流を通して，その社会の様々な社会的，文化的現象を克明に記録し，最終的には人類学的「事実」を紡ぎ出そうとする営みのことである。

　1 年以上特定のコミュニティに身を置くのは，これがライフサイクルの 1 つの単位となっているからであり，その中で生活を営んでいる人々の生き方，考え方，行動様式や社会システムなどを身につけていくことにより，その社会をより深く理解できると考えられてきたからである。そこに身を置くことによって，同じ朝日を見，同じ服を着，同じ言葉を話し，同じ食べ物を食し，同じ場所で寝ることになる。これらを通じ，身をもって特定のコミュニティのあり様を自らの身体に刻み込んでいくのである。

　以上が文化−社会人類学のフィールドワークのささやかな説明である。現在のスポーツ人類学の世界的な動向としては，自然人類学よりも文化−社会人類学と密接な関係にあり，日本のスポーツ人類学においてもおおよそ同様の流れにある。ただし，日本のスポーツ人類学は，「スポーツとは何か」を問うという意味で，スポーツ学に特化した人類学としても展開している。そして，以下のような点で，スポーツ人類学と日本体育大学のスポーツ好きには親和性がある。

　世界中にある様々なコミュニティでは，必ずしもスポーツと考えられていなくともスポーツらしき活動が行われており，また，今日の日本で目にする野球やサッカーなどのスポーツが行われている。そうした，スポーツ的活動を一緒に行うことにこそ，スポーツ人類学の醍醐味がある。ある特定のコミュニティの人たちと，同じ日常生活を送るとともに，同じスポーツを行うことである。同じ場所で，同じ道具を用い，同じ汗を流し，笑い合ってスポーツをする日々である。スポーツ人類学が志向することは，数多の文献を読んで考えると同時に思いを寄せるスポーツを体得して分析することであり，そこから民族誌を書くことである。それは，スポーツ人類学的な問いをもって，ある特定のコミュニティのスポーツを実践しながら，スポーツについて考えることである。

　日本体育大学の学生は，スポーツに思いを寄せる人たちであると思う。また，スポーツを実践するにあたっては，言葉で言い表わせない部分が多々あることも知っていると思う。こうした，スポーツの言葉にできない部分を人類学的に言語化していくところに，スポーツ人類学の面白味がある。それは，対象となるコミュニティにかかわりつつ，身をもってスポーツを理解していなければ難しい。こうした意味で，日本体育大学でスポーツに親しむ者たちは，スポーツ人類学に共鳴するのではないだろうか。

参考図書
　石井隆憲 編：スポーツ人類学：明和出版，東京，2004．
　川島浩平 他訳（ニコ・ベズニエ 他著）：スポーツ人類学，共和国，東京，2020．
　寒川恒夫 編：教養としてのスポーツ人類学，大修館書店，東京，2004．
　寒川恒夫 編：よくわかるスポーツ人類学，ミネルヴァ書房，京都，2017．

3 私たちの社会にスポーツがあることについて考える

冨田　幸祐

1. スポーツを通して社会について理解する

　スポーツと社会の関係について学ぶこと，それはスポーツを通して私たちが生きる社会について理解するということである。スポーツが実践される場面では，スポーツそのものの実践だけでなく，スポーツをフィルターとして社会の諸問題に対する実践が行われている。1978 年 11 月，第 20 回ユネスコ総会で体育およびスポーツに関する国際憲章が採択された。この憲章は 2015 年に全面改定となったが，そこでは「体育・身体活動・スポーツの実践は，すべての人の基本的権利である」と謳われている [6]。この要旨は 1978 年の採択時から変わっていない。本章では，現代社会におけるスポーツのあり方について，いくつかのトピックを取り上げて考えていきたい。

　「当たり前」のことだが，スポーツは今日の社会にあふれている。地域にはスポーツクラブがある。学校には運動部活動がある。社会人になっても，そうした環境は，職場や友人との交流の場に存在する。スポーツを「する」場は，意外とすぐそばにいつまでもある。こうした状況は日本特有の現象ではなく，オリンピックやサッカー，ラグビーのW杯に代表されるような世界中のアスリートが集う場所まで存在する。私たちはスポーツを通して地理的な隔たりを容易に超えることもできる。テレビやインターネット，SNS といったメディアやデジタルツールを使えば，その情報はいち早く目で，耳で知ることができる。目と耳だけで知ることに飽き足らなくなったら，実際に現地に赴けばいい。プロスポーツはいうに及ばず，クラブチームや大学，高校，中学の運動部活動も，平日休日を問わずいたるところで行われている。スポーツを「みる」ことも年中無休で行うことができる。こうした「する」「みる」スポーツを，多くの人のサポートや技術の向上が「支えている」。トレーナーやグラウンドを管理し維持する人，スポーツ道具の開発，観戦ツールの発明など，例を挙げればキリがない。スポーツを「支える」ための努力は，日々行われている。

　スポーツの主人公はアスリートだとよくいわれる。オリンピックでの金メダル獲得や各種スポーツでの優勝の瞬間など，その場で実際に競技を行い，ライバルと比して優秀なパフォーマンスを示した者にもたらされるその栄誉や恩恵を知れば，スポーツの主役は間違いなくアスリートだろう。アメリカの経済誌『Forbes』は，毎年アスリートの長者番付を発表している。2020 年 5 月に発表されたランキングでは，1 位のロジャー・フェデラーが 1 億 600 万ドル，2 位のクリスティアーノ・ロナウドが 1 億 500 万ドル，3 位のリオネル・メッシが 1 億 400 万ドルとなっている [3]。現代社会において，アスリートが示す高度なパフォーマンスの対価として，これだけの大金を得ることができるのである。

入場者数制限の中で行われた J リーグ公式戦（筆者撮影）

　しかし，アスリートが輝くためには，その輝く瞬間を生み出すための様々な準備が必要だ。アスリートのパフォーマンスを最大限に引き出すためのトレーニングや道具，そのパフォーマンスに熱狂する人々の存在，そのパフォーマンスを多くの人に届ける伝達機能など，アスリートが輝く瞬間を生み出すために「**みる**」人と「**支える**」人も，それぞれが最大限のパフォーマンスを発揮すべく日々研鑽を積んでいる。

　このように広く考えれば，スポーツを「**する**」ことだけでなく，「**みる**」ことも「**支える**」ことも，スポーツを行っている（実践）のである。**スポーツの実践**には様々な形態がある。スポーツは 365 日 24 時間，世界のいたるところで絶え間なく行われているのである。

2. 新型コロナウイルス感染症拡大とスポーツ

　2020 年初頭から世界中に拡大した新型コロナウイルス感染症（COVID-19）は，スポーツに大きな影響を及ぼした。アスリート，ファン，スタッフなど多くの人が密集し，不特定多数の人との接触が著しい各種スポーツ大会は，感染の拡大を抑えるため中止にならざるをえなかった。日本では，プロスポーツ，春夏の高校野球をはじめとして，すべてのカテゴリーのスポーツ大会が中止となった。極めつけは，第 32 回オリンピック競技大会と第 16 回パラリンピック競技大会の延期である。2020 年の上半期は私たちの日常が大きく変化した。「当たり前」にあったスポーツが私たちの眼前から姿を消した。世界中にスポーツのない日常が到来したのである。

　2020 年前半はスポーツ大会の中止が相次いだ。一方で，次に問題となったのが，どのタイミングでスポーツ大会を再開するのかということであった。極端なことをいえば，新型コロナウイルス感染症の拡大を食い止めるためには，スポーツに限らずすべての活動を停止し続けるべきである。しかし，外出自粛や飲食店に対する休業要請，学校の休校などは，いつまでも続けるわけにはいかない。緊急事態宣言の解除や，飲食店の再開，学校の再開などは，世界が新型コロナウイルス感染症に対し完全な対策を講じる前に，日本では「新しい生活様式」という言葉とともに随時実施されていった。スポーツも，開幕が延期となったプロ野球，2 月末から中断していた J リーグは，それぞれ無観客という形をとって 6 月に開幕，再開した。その後，人数制限を設けて観客の入場が再開する。試合会場では声を出しての応援は禁止され，観客は間隔を開けて座ることとなった（**図3-1**）。春の選抜高等学校野球大会，夏の全国高等学校野球選手権大会が中止となった高校野球では，各都道府県がそれぞれ地

方大会を実施し，春の選抜出場予定校による特別試合が８月に甲子園で行われた。こうしたスポーツ大会の再開については賛否が分かれた。チーム内感染が発覚し，試合が中止に追い込まれることもあった。

しかし，ここで考えたいのは新型コロナウイルス感染症拡大以後のスポーツ大会再開時期の妥当性ではない。この一連の経過から思考すべきなのは，スポーツが私たちの日常に手放すことのできない重要なものとして位置していることである。新型コロナウイルス感染症拡大が大きく終息に向かっていない時期においても，私たちにはスポーツのある日常が必要だったのである。そのことを，新型コロナウイルス感染症拡大は教えてくれたといってもいい。

3. 社会に必要とされるスポーツの姿とは

それでは，社会はなぜスポーツを必要とするのだろうか。実際にそのことについて考えてみると，その答えを見つけ出すのは難しい。私たちが対峙するのは，新型コロナウイルス感染症拡大のような「人類共通」のできごとだけではない。生まれた年，住む場所，成長の仕方によって，それぞれの目に映る社会やできごとは大きく違う。そうした個人の経験や価値観によって，スポーツに付与される意味も大きく変わってくる。けれども，**スポーツは世界共通の文化**として，価値観を共有するチャンスも与えてくれる。その共有の過程で，それぞれの思惑や野望，理想が表出しながら，協調，対立を繰り返し，社会におけるスポーツの姿が映し出される。そして，私たちの社会にスポーツがある意味を教えてくれるのである。

4.「スポーツと政治は別」なのか

2016年３月，女子サッカーのリオデジャネイロオリンピックアジア最終予選が，大阪のヤンマースタジアム長居とキンチョウスタジアム（現・長居球技場）の２会場で開催された。最終予選は日本，韓国，中国，北朝鮮，オーストラリア，ベトナムの６チームによる総当たり戦で，上位２チームがオリンピックの出場権を獲得することになっていた。最終予選の結果，日本は３位で，リオデジャネイロオリンピック出場を逃した。2011年女子Ｗ杯（ドイツ）で優勝し，2012年ロンドンオリンピック，2015年女子Ｗ杯（カナダ）では準優勝と好成績が続いていた中での予選敗退となり，新聞には「一時代に幕」との言葉が載った。この敗退が日本女子サッカーの歴史における大きなできごとであったことは間違いない。一方でこの最終予選では，朝鮮民主主義人民共和国（北朝鮮）選手団の入国問題が発生していた。

2016年２月７日，北朝鮮が人工衛星と称して５発の長距離弾道ミサイルを発射し，東シナ海や日本の上空を越えて太平洋に落下した。北朝鮮のミサイル発射に対し，関係改善を進めていた諸国からは非難の声が挙がった。日本政府は２月10日に北朝鮮に対する独自措置を発表した[8]。この独自措置の中には，「北朝鮮籍者の入国の原則禁止」が含まれていた。文面の通り，北朝鮮関係者の日本への入国を禁止したのである。これは最終予選の３週間前のできごとであった。日本政府の独自措置に準ずることになれば，女子サッカーの北朝鮮選手団は日本へ入国できない。しかし，北朝鮮の選手団は無事に入国し参加を果たした。この時，日本政府は「国際スポーツ界では国籍による差別は禁止という考え方が浸透している」として，北朝鮮の選手の入国は特別な事情に当たるとして許可したの

である。スポーツが政治の決定に準ずることなく，独自の力学を持つものとして社会に認識された瞬間といえる。

　一方で，スポーツと政治の関係は，いわゆる「スポーツと政治は別」を体現するものだけではない。その最たる例は，1980 年の**モスクワオリンピックのボイコット**問題である。1979 年 12 月にソビエト連邦（ソ連）がアフガニスタンに軍事侵攻した。当時，世界はアメリカとソ連の対立を基軸とする東西冷戦の最中にあり，アメリカはソ連による軍事侵攻を非難し，モスクワオリンピックのボイコットを世界に呼びかけたのである。このボイコット問題によって，日本選手団の参加も揺れた。アメリカとの関係が強い日本政府はオリンピックのボイコットを基本方針とするが，日本オリンピック委員会（JOC）は参加を前提に準備を進めた。しかし，日本政府から今後の補助金交付を取りやめるといった圧力を受け，オリンピック参加の最終エントリー期限直前に開催された JOC 総会で，モスクワオリンピックのボイコットを決めた。この時，スポーツは日本政府の政治的要望に応えることを最優先としたのである。オリンピックでの活躍を夢見て努力してきたアスリートたちの 4 年に一度の機会が，政治の思惑によって奪われたのである。

　スポーツと政治の関係は，必ずしもスポーツが政治とは別の世界にあることを示すものではない。状況に応じて，その距離感や力関係を自在に変えて，私たちの眼前で歓喜や悲劇を生み出すのである。

5. なぜ女子部員は甲子園に出場できないのか

　日本高等学校野球連盟の大会参加者資格規定には，参加選手の資格について，次のような文章がある。「その学校に在学する男子生徒で，当該都道府県高等学校野球連盟に登録されている部員のうち，学校長が身体，学業および人物について選手として適当と認めたもの[7]」。春の選抜高等学校野球大会，そして夏の全国高等学校野球選手権大会には，出場校に女子の部員がいたとしても出場することができない。ちなみに，首都大学野球連盟や東京六大学野球連盟は，公式戦に女子選手が出場することを禁止していない。1995 年 9 月 19 日，東京六大学野球秋季リーグの明治大学対東京大学の 2 回戦で，明治大学短期大学 2 年のジョディ・ハーラーが先発投手として登板した。東京六大学リーグ史上初めての女子選手の出場であった。

　東京六大学野球では女子選手の出場が認められているのに，なぜ高校野球では女子選手の出場が認められていないのだろうか。多くの場合，男子野球部と女子野球部，男子サッカー部と女子サッカー部，男子バスケットボール部と女子バスケットボール部といった具合に，男子と女子は分かれて部活動を行う。なぜ「男・女」で分かれて活動を行うのだろうか。オリンピックで実施される競技種目の中には，馬術のように「男・女」で競技が区別されていないものも存在する。

　私たちは男性と女性が分かれて競技を行うことを当たり前のように考えているフシがある。だが，スポーツがルールの下で平等に行われる競争であるとした時，性別が理由で競争に参加できないのは，不平等以外の何物でもないかもしれない。ましてや近年は，「LGBT」という言葉で表わされるように，性別は単純に「男・女」で説明できるようなものではなくなっている。

6. メディアが支える/支配するスポーツ

　2019 年のテレビの**年間平均視聴率**ランキングをみると，上位 30 位の内，10 がスポーツ関係の番

図 3-2　会場外からパブリックビューイングを眺める人たち（筆者撮影）

組であった。第 95 回東京箱根間往復大学駅伝競走，大坂なおみの全豪オープン初優勝の瞬間，世界フィギュアスケート選手権男子，そしてラグビーW杯がランクインした[2]。サッカーW杯，冬季オリンピックと国際競技大会が目白押しであった 2018 年には，上位 30 位の内，20 がスポーツ関係である。有料コンテンツも含めれば，日夜テレビではスポーツが放映されている[1]。また近年では，インターネットによる**動画配信**も行われ，スマホやタブレットなどテレビ以外の視聴形態も盛んである。さらに，2019 年ラグビーW杯の際に設営されたファンゾーンでは，大型モニターによる**パブリックビューイング**が行われた。このパブリックビューイングは場所によっては入場規制がなされるほどの盛況で，会場には入れない人たちが外から会場を眺める光景も見られた（**図 3-2**）。実際に試合会場にいなくても，臨場感を擬似的に体感することが，今まで以上にいつでもどこでも可能となりつつある。

　スポーツとメディアは「夢のカップル」ともいわれる[5]。放映権料という形での支援，スポーツを広範な人々に様々な形態で共有させうる伝達機能など，メディアはまさしくスポーツにとってなくてはならない存在だろう。しかし一方では，メディアが自身の都合のためにスポーツを利用することがある。代表的な例として挙げられるのは，ルールや日時の変更である。NBA（National Basketball Association）では，もともとハーフタイム制だったものが，テレビ放送の CM 時間を増やすためにクォーター制が導入された。大相撲では，放送時間内に全取り組みを終了させるために，仕切り時間に制限が設けられた。これらの変更は各競技種目をより円滑にするべく実施されたルール変更ではない。あくまでメディアにとって活用しやすいスポーツの姿を求められた結果なのである。

　これからも，メディアによるスポーツへの支援は拡大していくと予想される。しかし両者が望ましい関係であり続けるためには，スポーツが誰のためにあるべきかということを常に考える必要があるだろう。

7. あるべきスポーツの姿を考えていく

　ここまでみてきたように，スポーツは様々なトピックとのかかわりの中で，社会のありようを教えてくれる。当然ながら，スポーツを知るために取り上げるべき社会のトピックは，上記のものにとどまるわけではない。2015 年時点で約 5.5 兆円といわれるスポーツ市場は，2025 年に 15.2 兆円規模までの拡大を目指している。大学スポーツの振興を図るべく取り組みが始まった UNIVAS（大学スポーツ協会），地域振興や海外支援などの社会問題のスポーツによる解決や，漫画，アニメ，音楽，e スポーツといったポップカルチャーのようなものまで，私たちの身近にある興味関心の領野は，それぞれスポーツとの交点を持っている。「**する**」「**みる**」「**支える**」だけがスポーツの実践ではない。スポーツを「**考える**」こともスポーツ実践の重要な要素である。その話題は尽きない。

参考文献

1) 2018 年 年間高世帯視聴率番組 30（関東地区）．https://www.videor.co.jp/tvrating/past_tvrating/top30/201830.html（2020 年 11 月 1 日最終確認）
2) 2019 年 年間高世帯視聴率番組 30（関東地区）．https://www.videor.co.jp/tvrating/past_tvrating/top30/201930.html（2020 年 11 月 1 日最終確認）
3) Forbes: The World's Highest-Paid Athletes, 2020. https://www.forbes.com/athletes/#49edc03455ae（最終閲覧日 2020 年 11 月 1 日）
4) 国際オリンピック委員会：オリンピック憲章，2020 年版，英和対訳（2020 年 7 月 17 日から有効）．https://www.joc.or.jp/olympism/charter/pdf/olympiccharter2020.pdf（2020 年 11 月 18 日最終確認）
5) 森田浩之：メディアスポーツ解体—〈見えない権力〉をあぶり出す，NHK 出版，東京，2009．
6) 日本学術会議健康・生活科学委員会健康・スポーツ科学分科会 監訳：ユネスコ（2015）体育・身体活動・スポーツに関する国際憲章．p.1, 2015．http://jaaspehs.com/wp/wp-content/uploads/2016/10/076f5cf42511ddf2d0c7485a5414c983.pdf（2020 年 11 月 1 日最終確認）
7) 日本高等学校野球連盟：2020 年度（令和 2 年度）大会参加者資格規定．http://www.jhbf.or.jp/rule/enterable/2020.html（2020 年 11 月 1 日最終確認）
8) 首相官邸：我が国独自の対北朝鮮措置について，2016 年 2 月 10 日．https://www.kantei.go.jp/jp/headline/northkorea201602/20160210_northkorea_sochi.html（2020 年 11 月 1 日最終確認）

参考図書

井上　俊，菊　幸一 編：よくわかるスポーツ文化論，ミネルヴァ書房，東京，2012．
舛本直文：オリンピックは平和の祭典，大修館書店，東京，2019．
日本スポーツとジェンダー学会 編：データでみるスポーツとジェンダー，八千代出版，東京，2016．
坂上康博：12 の問いから始めるオリンピック・パラリンピック研究，かもがわ出版，京都，2019．
坂上康博：スポーツと政治，山川出版社，東京，2001．
佐野昌行，黒田次郎，遠藤利文：図表で見るスポーツビジネス，叢文社，東京，2014．

オリンピックは何のために開催されるのか

現在，オリンピックは 2 年に一度，夏季大会と冬季大会が交互にやってくる。

大会では，「より速く（Citius），より高く（Altius），より強く（Fortius）」というオリンピックのモットーを体現するかのように，アスリートたちは質の高いパフォーマンスを披露する。そして世界中の人が現地で，あるいはテレビ，インターネット，ラジオを通して，その数々のプレーに魅了される。オリンピックは世界最高峰のアスリートが集う「スポーツの祭典」というにふさわしい。しかしオリンピックを，世界一を決める「スポーツの祭典」としてだけ理解するのは間違っている。オリンピック開催の目的は，別に存在する。

「オリンピックは何のために開催されるのか」。そのことが端的に示されているのが『**オリンピック憲章**』[4]である。『オリンピック憲章』は，オリンピックにかかわるルールが記されており，要はオリンピックのルールブックである。ここには「**オリンピズム**の根本原則」という章があり，次のようなことが書かれている。オリンピズムとは「肉体と意志と精神のすべての資質を高め，バランスよく結合させる生き方の哲学」のことをいう。オリンピズムの目的は「人間の尊厳の保持に重きを置く平和な社会の推進を目指すために，人類の調和のとれた発展にスポーツを役立てること」にある。そしてこの目的を遂行するための「オリンピック・ムーブメント」といわれる「活動は 5 大陸にまたがり，偉大なスポーツの祭典，オリンピック競技大会に世界中の選手を集める時，頂点に達する」のである。

オリンピックが何のために開催されるかといえば，その目的は人類の平和に貢献するべくオリンピズムという理念を広めるためなのである。オリンピックは人類の平和，世界平和に貢献するためにある。そのために「偉大なスポーツの祭典」を開催する。いたってシンプルだが，『オリンピック憲章』に則れば，これこそが根本原則なのである。この意味で，誤解を恐れずにいえば，オリンピックは世界一を決めることを目的とする大会ではない。あくまで最大の目的は，人類の平和，世界の平和を推進することなのだ。

スポーツと健康

小川まどか，大田　崇央

はじめに―競技スポーツから生涯スポーツへ

　2020 年の東京オリンピックが開催延期（2020 年 10 月現在）となり，多くの人が肩を落としたことだろう。読者の中にはこのオリンピックを目指していた人もいるかもしれない。このように，スポーツは私たちの生活の一部となり，文化を形成している。

　アスリートは何歳になってもスポーツを極めることへの情熱を持ち続けるべきであるが，生涯現役を貫くには多くの限界が生じる。葛西紀明氏や三浦知良氏，イチロー氏のように，強靭な肉体と精神力で長きにわたり現役生活を続ける人もいる。しかし，多くのアスリートは 30 歳，遅くても 40 歳前後で第一線を退くことになる。人生 100 年時代と呼ばれる昨今，引退後の 60 ～ 70 年をどのように過ごすか。充実した「第 2 の人生」を送るためにも，資本となる自身の「健康」について，一度考えを巡らせてみてはどうだろうか。

1. 健康とは

1）世界は「身体不活動」のパンデミック

　2020 年，パンデミック（世界的大流行）となった新型コロナウイルス感染症（COVID-19）によって，私たちは肉体的，精神的，経済的な代償を支払うこととなった。その影響は計り知れず，オンラインでの授業や面談が新たな常識となり，世界は一変してしまった。ところで，私たちは既に別のパンデミック下で生活していることを知っているだろうか。2012 年，世界五大医学雑誌の 1 つである Lancet に「**身体不活動**（≒ 運動不足）」が深刻なほど蔓延していることが掲載され，世界を震撼させた [5, 18]。これに先立つ 2010 年，**世界保健機関**（WHO：World Health Organization）は，「健康のための身体活動に関する国際勧告」で，全世界の死亡危険因子の第 4 位に身体不活動を位置づけた（第 1 位：高血圧，第 2 位：喫煙，第 3 位：高血糖）[31]。つまり，私たちは「新型コロナウイルス感染症」と「身体不活動」という二重のパンデミックの下で健康的な生活を維持・繁栄させていかなければならない運命にある。ここで「健康」について再度確認しておきたい。

2）健康の定義

　「健康」は WHO によって定義されている。1946 年の WHO 憲章には「健康とは，単に病気あるいは虚弱でないというだけでなく，肉体的，精神的および社会的に完全に良好な状態である」と記されている。「虚弱でない状態」を消極的な概念とするならば，「良好な状態」は積極的な概念としてとらえられる。すなわち，健康とは生存しているだけでなく生産性をもった状態ということであり，

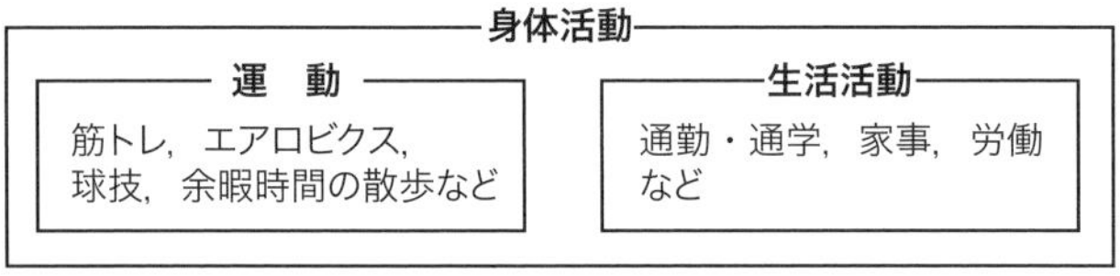

図 4-1　身体活動の概念図

ここに活発な行動を支える「**体力**」と切り離して考えることができない事情が生まれる。現代では，体力と健康との関連がより密接となっていることについては後述する。

3）日本の死因の変遷

終戦以降，医療技術の進歩とともに，わが国の疾病構造と死因が変遷している。厚生労働省の人口動態統計[15]によると，2019 年の日本人の死因は，①悪性新生物（悪性腫瘍，がん），②心疾患（心筋梗塞，狭心症など），③老衰，④脳血管疾患（脳梗塞，脳出血など），⑤肺炎（誤嚥性含む），⑥不慮の事故，⑦腎不全，⑧認知症，⑨アルツハイマー病の順に多い。着目すべきは，そのうちの約60％が生活習慣病に起因する点である。

4）生活習慣病とは

生活習慣病とは，発症に生活習慣（食習慣，運動習慣，喫煙習慣など）が密接に関与する疾患である。代表例として悪性新生物，心疾患，脳血管疾患，高血圧，脂質異常症，糖尿病，肥満，骨粗鬆症などがある。このような生活習慣病は生活習慣要因と遺伝的要因が相まって発症する。そのため，予防には，遺伝的要因を踏まえた生活習慣要因の見直しが必要である。

5）日本の健康を取り巻く施策

2000 年以降，高齢化の進展や疾病構造の変化に伴い，健康増進の重要性が叫ばれ始めたことを受け，2002 年より国民の健康づくり運動として「**健康日本 21**」が開始され，2004 年には「**健康増進法**」が施行された。2013 年には健康日本 21 に関する見直しが行われ，「健康日本 21（第 2 次）」が始まった。超高齢社会に突入した現在，2022 年で節目を迎える「健康日本 21（第 2 次）」の目標到達度の調査や見直しが行われ，新たな健康長寿の社会を実現しようとする気運が醸成されている。

2．身体活動は健康のバロメータか

身体活動は健康のバロメータであるといっても，ピンと来ないかもしれない。身体活動は，「**運動**」と「**生活活動**」によって構成される（**図 4-1**）。「運動」にはスポーツや余暇時間に行うレクリエーションが含まれる。一方「生活活動」は，それ以外の通勤，通学，家事などを含めたすべての活動である。以上の身体活動の概念を踏まえ，以下に実例とともに解説する。

1）ハーバード大学卒業生研究（Harvard Alumni Study）

ハーバード大学では，1980 年代から卒業生を対象に，質問紙を用いた身体活動量や疾患の調査を行っている。卒業生約 17,000 人を 12 ～ 16 年追跡した研究によると，1 週間の身体活動量が最も少なかった群（500 kcal/週未満）を基準として，最も多い群（2,000 kcal/週）では総死亡率のリスク比が低いことが明らかとなった[21]。さらに，同様の手法を用いた研究によって，身体活動量が少ないことは，脳卒中[16]，冠動脈疾患[26]，肺がん[17]，乳がん[27]などの危険因子であることが明らか

になっている。このように，身体活動は生活習慣病と関連していることが科学的に裏づけられている。

3. なぜ体力測定は必要なのか

　体力測定は，身体活動の客観的指標として，学校や医療現場で広く普及している。しかし，その意義については浸透していない。そもそも体力は，**行動体力**と**防衛体力**に大別できる（**図 4-2**）。私たちが一般的に評価する体力は行動体力である。そこで本項では，実際に体力測定を用いて行われた研究を紹介し，体力測定の必要性について言及する。

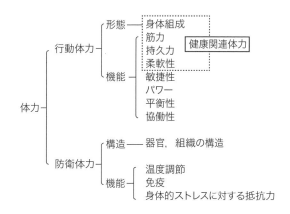

図 4-2　体力の概念図

1）エアロビクスセンター縦断研究（Aerobics Center Longitudinal Study：ACLS）

　クーパークリニック（Cooper Clinic）はエアロビクス（有酸素運動）の名づけ親であるクーパー博士によって設立され，人間ドック時に体力テストを実施していることで世界的に有名である。特筆すべき成果は，約 13,000 人の男女を 8 年以上追跡したところ，追跡開始時点での体力（全身持久力）が高い集団ほど心血管疾患やがんを含む総死亡率が低いことを解明した点である[4]。さらに，低体力は，高血圧[3]，糖尿病[28]，高コレステロール症[2]などと密接に関連することも明らかにした。

2）日本における疫学研究（東京ガス・スタディを例として）

　東京ガスでは，労働安全衛生法によって実施が義務づけられている定期健康診断に加え，最大下運動負荷テスト（全身持久力測定）を年 1 回行っている。約 9,000 人の従業員を 10 年以上追跡した結果，低体力は総死亡[25]，がんによる死亡[23]，糖尿病[24]の危険因子であることが，日本人で初めて示された。

　以上のような体力測定を題材とした研究は，今なお世界各地で進行中である。これらの疫学的知見に基づき，厚生労働省は「健康づくりのための身体活動基準 2013」（**表 4-1**）を発表した[14]。しかし，基準作成のために採択されたデータに関する質の高いエビデンスはわずかであり，日本人を対象とした研究も少ない。したがって，空欄が目立つ項目は，今後さらに研究の必要がある。

（大田　崇央）

4. 加齢に伴う身体組成と身体機能の変化

　加齢に伴う身体組成と身体機能の変化について概説し，高齢になっても健康的な日々を過ごすための運動の重要性について議論する。

年齢区分	身体活動	運動	体力		
			全身持久力	筋力	柔軟性
65 歳以上	強度を問わず身体活動を毎日 40 分 （= 10 METs・時/週）	—	—	—	—
18 〜 64 歳	3 METs 以上の強度の身体活動を毎日 60 分 （= 23 METs・時/週）*	3 METs 以上の強度の運動を毎週 60 分 （= 4 METs・時/週）**	性・年代別に示した強度の運動を約 3 分継続***	—	—
17 歳以下	（幼児期運動指針：毎日 60 分以上楽しく体を動かすことが望ましい）	—	—	—	—

表 4-1　健康づくりのための身体活動量の目安

＊3 METs 以上の強度の身体活動：歩行またはそれと同等以上の身体活動。
＊＊3 METs 以上の強度の運動：息が弾み汗をかく程度の運動。
＊＊＊下表参照。

性・年代別の全身持久力の基準

年齢	18 〜 39 歳	49 〜 59 歳	60 〜 69 歳
男性	11.0 METs（39 mL/kg/分）	10.0 METs（35 mL/kg/分）	9.0 METs（32 mL/kg/分）
女性	9.5 METs（33 mL/kg/分）	8.5 METs（30 mL/kg/分）	7.5 METs（26 mL/kg/分）

表中の（　）内は最大酸素摂取量を示す。

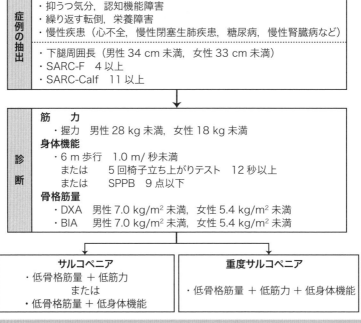

図 4-3　Asian Working Group for Sarcopenia（AWGS）2019 による，設備が整った医療施設や臨床研究を目的とした施設におけるサルコペニアの診断の流れと基準。SARC-F：サルコペニアをスクリーニングする 5 項目の質問，SARC-Calf：下腿周囲長と SARC-F を組み合わせた指標，SPPB：簡易身体機能バッテリー，DXA：二重エネルギー X 線吸収測定法，BIA：生体インピーダンス法

1）身体組成の加齢変化
（1）骨格筋

　加齢とともに骨格筋量は減少する。この現象は 1989 年に Rosenberg によって「**サルコペニア（加齢性筋肉減少症）**」と呼ばれ，それ以降，サルコペニアは「加齢に伴う骨格筋量と筋力の低下」と定義されるようになった。日本では 2018 年からサルコペニアが疾患として認定され，骨格筋量の評価に加えて，歩行速度などの身体機能による診断基準が示されている（**図 4-3**）。特に下肢筋群の骨格筋量が減少し[13]，それによって日常生活動作の低下や転倒を生じやすくなる。さらに，骨格筋はインスリン刺激による糖代謝の 90％を占める重要な組織であるため，その量の減少によって 2 型糖尿病の原因となる**インスリン抵抗性**[注1] が生じやすい状態となる。また，筋線維レベルで加齢の影響を検討した研究[20] では，若齢者と比較して，高齢者で筋線維数が少なく，特に速筋線維の断面積が著しく減少していたことが確認されている。

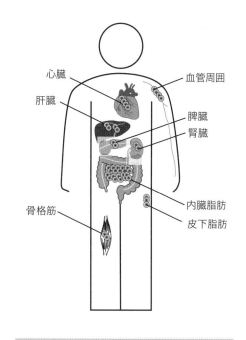

図 4-4　内臓脂肪や異所性脂肪の蓄積部位
（文献 6 より改変）

（2）体脂肪

　加齢に伴い**体脂肪量**は増加する。体脂肪量の増加は，高血圧や糖尿病など生活習慣病の疾患リスクを上昇させ，死亡率とも関係する。特に，**内臓脂肪**の蓄積は代謝疾患の発症と密接に関係している。そのため，疾患予防の観点からも，体内の脂肪組織の分布を詳細に把握することが重要である。近年，皮下脂肪と内臓脂肪に加え，**異所性脂肪**が注目されている。異所性脂肪とは，本来，脂肪組織が蓄積しない臓器や部位（肝臓や骨格筋など）に蓄積する脂肪である（**図 4-4**）。骨格筋内に蓄積する脂肪組織は「**筋内脂肪**」と呼ばれ，加齢や肥満，身体活動の不足によって増加する。過度な筋内脂肪の蓄積は，2 型糖尿病の原因となるインスリン抵抗性を引き起こすとされている[9]。

2）身体機能の加齢変化
（1）筋力・筋パワー

　加齢に伴い全身の**筋力**が低下する。特に下肢筋力の低下は著しく，高齢者の転倒を引き起こす原因とされる。筋力は 50 歳までに約 10％，60・70 歳代に 15％ずつ，その後は 10 年ごとに約 30％ずつ低下する。また，骨格筋を短時間で力強く収縮させるために必要な**筋パワー**も，加齢に伴い低下する。筋パワーの低下は 40 歳代から顕著となり，その低下率は筋力の低下率よりも高い。骨格筋量の減少に加え，筋内脂肪の増加や**運動単位**[注2] の減少など，神経筋系全体で生じる加齢に伴う現象が筋力・筋パワーの低下に関与している[1]。

注1）　インスリン抵抗性：膵臓から分泌するインスリンが標的とする細胞（筋や脂肪）に十分作用しない状態をいう。インスリン抵抗性の増大により血糖値が下がりにくい状態となる。
注2）　運動単位：1 つの運動ニューロンとそれに支配される筋線維群を指す。

(2) 全身持久力

　全身持久力の指標である**最大酸素摂取量**は，20歳代でピークを迎えてから徐々に低下し，40歳代以降に大きく低下する[8]。最大酸素摂取量の低下は，高血圧や心血管疾患の発症率と負の相関関係を示す。加齢に伴う最大酸素摂取量の低下の原因として，最大心拍数の減少や肋間筋や横隔膜などの呼吸運動に関与する筋機能の低下などが挙げられている[10]。

3) 中高齢者に対するトレーニング効果

(1) レジスタンス運動

　骨格筋量は筋**タンパク質**の合成量と分解量のバランスによって決定される。つまり，合成量が分解量を上回ると筋が肥大し，分解量が合成量を上回ると筋が萎縮する。タンパク質合成は単回の**レジスタンス運動**によって向上し，その継続により筋肥大が導かれる[7]。また，タンパク質を摂取することでもタンパク質合成が促進される。レジスタンス運動によるタンパク合成作用が加齢による影響を受けるかどうかについては，今のところ統一された見解は得られていないが，十分な運動刺激を与えれば高齢者でも骨格筋量が増加し，筋力や筋パワーが増加することが確認されている[22, 30]。

(2) 有酸素運動・身体活動の増加

　ジョギングなどの**有酸素運動**の継続は体脂肪量を減少させ，加齢に伴う最大酸素摂取量の低下を最小限にするために有効である。中・高齢者においても，有酸素運動の継続的な実施によって最大酸素摂取量が大幅に改善する[11]。

　身体活動レベルが高い者ほどサルコペニアの進行が遅くなることが示されている[29]。また，身体活動レベルは脂肪量とその分布へも影響を及ぼす。身体活動レベルが異なる一卵性および二卵性双生児の追跡調査により脂肪量とその分布を比較した研究がある。身体活動の多い双生児と比較して，身体活動の少ない双生児の脂肪量は，大腿部の筋内脂肪で54%，内臓脂肪で50%，皮下脂肪で28%多かったことが報告されている[19]。つまり，遺伝や小児期の環境による要因を考慮しても，習慣的な身体活動は，脂肪量とその分布に影響する重要な因子だと考えられる。

まとめ

　加齢による身体組成の変化や身体機能の低下は誰にでも生じる現象であり，それらが進行すると身体障害を起こし，最終的に日常生活にも困難をきたすようになる。しかしながら，継続的にトレーニングを実施することで身体組成や身体機能，すなわち体力が大幅に改善され，加齢による影響を最小限に食い止めることが可能である。

（小川まどか）

参考文献

 1) Aagaard P, Suetta, C, Caserotti P, et al.: Role of the nervous system in sarcopenia and muscle atrophy with aging: strength training as a countermeasure. Scand J Med Sci Sports, 20: 49-64, 2010.

 2) Blair SN, Cooper KH, Gibbons LW, et al.: Changes in coronary heart disease risk factors associated with increased treadmill time in 753 men. Am J Epidemiol, 118: 352-359, 1983. DOI: 10.1093/oxfordjournals.aje.a113642

 3) Blair SN, Goodyear NN, Gibbons LW, et al.: Physical fitness and incidence of hypertension in healthy normotensive men and women. JAMA, 252: 487-490, 1984.　DOI: 10.1001/jama.1984.03350040017014

 4) Blair SN, Kohl HW III, Paffenbarger RS, et al.: Physical fitness and all-cause mortality: a prospective study of healthy men and women. JAMA, 262: 2395-2401,1989.

 5) Ding D, Lawson KD, Kolbe-Alexander TL, et al.: The economic burden of physical inactivity: a global analysis of major non-communicable diseases. Lancet, 388:1311-1324, 2016. DOI: 10.1016/S0140-6736（16）30383-X

 6) Després JP: Body fat distribution and risk of cardiovascular disease: an update. Circulation, 126: 1301-1313, 2012. DOI:10.1161/CIRCULATIONAHA.111.067264

 7) Dreyer HC, Fujita S, Cadenas JG, et al.: Resistance exercise increases AMPK activity and reduces 4E-BP1 phosphorylation and protein synthesis in human skeletal muscle. J Physiol, 576: 613-624, 2006.

 8) Fleg JL, Morrell CH, Bos AG, et al.: Accelerated longitudinal decline of aerobic capacity in healthy older adults. Circulation, 112: 674-682, 2005.

 9) Goodpaster BH, Thaete FL, Kelley DE: Thigh adipose tissue distribution is associated with insulin resistance in obesity and in type 2 diabetes mellitus. Am J Clin Nutr, 71: 885-892, 2000.

10) Hawkins S, Wiswell R: Rate and mechanism of maximal oxygen consumption decline with aging: implications for exercise training. Sports Med, 33: 877-888, 2003.

11) Huang G, Gibson CA, Tran ZV, et al.: Controlled endurance exercise training and $\dot{V}O_2$max changes in older adults: a meta-analysis. Prev Cardiol, 8: 217-225, 2005.

12) Huckins JF, daSilva AW, Wang W, et al.: Mental health and behavior of college students during the early phases of the COVID-19 pandemic: longitudinal smartphone and ecological momentary assessment study. J Med Internet Res, 22: e20185, 2020. DOI: 10.2196/20185

13) Janssen I, Heymsfield SB, Wang ZM, et al.: Skeletal muscle mass and distribution in 468 men and women aged 18-88 yr. J Appl Physiol, 89: 81-88, 2000.

14) 厚生労働省：健康づくりのための身体活動基準2013，2013. https://www.mhlw.go.jp/stf/houdou/2r9852000002xple-att/2r9852000002xpqt.pdf

15) 厚生労働省：令和元年（2019）人口動態統計月報年計（概数）の概況，2019．https://www.mhlw.go.jp/toukei/saikin/hw/jinkou/geppo/nengai19/dl/gaikyouR1.pdf

16) Lee I-M, Paffenbarger RS: Physical activity and stroke incidence: the Harvard Alumni Health Study. Stroke, 29: 2049-2054, 1998. DOI: 10.1161/01.STR.29.10.2049

17) Lee IM, Sesso HD, Paffenbarger RS Jr: Physical activity and risk of lung cancer. Int J Epidemiol, 28: 620-625, 1999. DOI: 10.1093/ije/28.4.620

18) Lee IM, Shiroma EJ, Lobelo F, et al.: Effect of physical inactivity on major non-communicable diseases worldwide: an analysis of burden of disease and life expectancy. Lancet, 380: 219-229, 2012. DOI: 10.1016/S0140-6736（12）61031-9

19) Leskinen T, Sipilä S, Alen M, et al.: Leisure-time physical activity and high-risk fat: a longitudinal population-based twin study. Int J Obes (Lond)，33; 1211-1218, 2009.

20) Lexell J, Taylor CC, Sjöström M: What is the cause of the ageing atrophy? Total number, size and proportion of different fiber types studied in whole vastus lateralis muscle from 15- to 83-year-old men. J Neurol Sci, 84, 275-294, 1988.

21) Paffenbarger RS, Hyde R, Wing AL, et al.: Physical activity, all-cause mortality, and longevity of college alumni. N Engl J Med, 314: 605-613, 1986.

22) Reid KF, Martin KI, Doros G, et al.: Comparative effects of light or heavy resistance power training for improving lower extremity power and physical performance in mobility-limited older adults. J Gerontol A Biol Sci Med Sci, 70: 374-380, 2015.

23) Sawada SS, Lee IM, Naito H, et al.: Cardiorespiratory fitness, body mass index, and cancer mortality: a cohort study of Japanese men. BMC Public Health, 14: 1-9, 2014. DOI: 10.1186/1471-2458-14-1012

24) Sawada SS, Lee IM, Naito H, et al.: Long-term trends in cardiorespiratory fitness and the incidence of type 2 diabetes. Diabetes Care, 33: 1353-1357, 2010. DOI: 10.2337/dc09-1654

25) 澤田　亨，武藤孝司：日本人男性における有酸素能力と生命予後に関する縦断的研究．日本公衆衛生雑誌，46: 113-121, 1999.

26) Sesso HD, Paffenbarger RS, Lee I-M: Physical activity and coronary heart disease in men: the Harvard Alumni Health Study. Circulation, 102: 975-980, 2000. DOI: 10.1161/01.CIR.102.9.975

27) Sesso HD, Paffenbarger RS, Lee IM: Physical activity and breast cancer risk in the College Alumni Health Study (United States). Cancer Causes Control, 9: 433-439, 1998. DOI: 10.1023/A:1008827903302

28) Sieverdes JC, Sui X, Lee DC, et al.: Physical activity, cardiorespiratory fitness and the incidence of type 2 diabetes in a prospective study of men. Br J Sports Med, 44: 238-244, 2010. DOI: 10.1136/bjsm.2009.062117

29) Steffl M, Bohannon RW, Sontakova L, et al.: Relationship between sarcopenia and physical activity in older people: a systematic review and meta-analysis. Clin Interv Aging, 12, 835-845, 2017.

30) Welle S, Totterman S, Thornton C: Effect of age on muscle hypertrophy induced by resistance training. J Gerontol A Biol Sci Med Sci, 51: M270-275, 1996.

31) WHO: Global Recommendations on Physical Activity for Health. World Health Organaization, 2010.

column

新型コロナウイルス感染症がもたらしたもう1つの健康被害

　2020年，世界を震撼させた新型コロナウイルス感染症の影響はとどまるところを知らない。外食産業は衰退し，航空インフラは会社存続の窮地に立たされ，観光業は倒産が相次いでいる。教育現場では，学校行事はことごとく延期または中止となり，大学にいたっては入学以降前期期間中一度も入構していない学生が多くいるという状況である。このような物理的な「閉塞感」に苛まれた多くの青年は，精神的な疾患，すなわちうつ病あるいはうつ傾向に陥りやすいことが世界中から報告されている[12]。

　わが国では，うつ病（精神疾患）は2013年に5大疾病に格上げされ，患者数が最も多い疾患であり，自殺のトリガーともいわれることから，国を挙げて対策を講じなければならない喫緊の課題である（15～39歳の死因第1位は自殺である）[15]。

　うつ病の発症に関して，現在までわかっていることとして，環境の劇的変化や心身のストレス，遺伝的要因も関連するとされている。加えて，身体活動量の減少もまた大きな要因の1つであるといわれている。体育・スポーツ分野に携わる人間として，単に競技力の向上だけでなく，うつ病を含めた生活習慣病の改善に向け，健康寿命延伸の一助となる心構えと取り組みが必要となってくる。

5 スポーツと教育

伊藤　雅広

1. スポーツと教育の歴史的な変遷をたどる

　本章では，主に学校教育の中で行われる「**体育**」に焦点を当てて話を進めていく。学校教育の一教科として体育があり，その中で子どもたちが学習する手段として「**スポーツ**」を用いているといった関係にみられるように，スポーツと教育（体育）は密接な関係にある。まず，スポーツと教育がかかわることになったきっかけや，日本において体育がどのように教科として位置づけられるようになったかについて述べる。

　スポーツが教育とかかわることになったきっかけは，19世紀のイギリスにみることができる。イギリスは近代スポーツの母国とされ，各種スポーツの原型を生み出してきた。19世紀の中・上流階級の子どもたちが通う中等教育機関（パブリック・スクール）では，生徒たちの違法行為や近隣住民とのトラブル，教師への反抗などを問題として抱える学校が存在していた。このような問題を解決するための方法として，スポーツ（特に集団スポーツ）を学校の中に導入したことが，スポーツと教育がかかわり始めたきっかけとされる。スポーツを導入した理由は学校によって様々であったが，スポーツの導入が生徒たちの教育に有効な手段であるとして，各学校は運動施設をより大きくしたり，「ゲーム・マスター[注1]」と呼ばれる若い教師を採用したりすることで，スポーツを行う環境を整備していった。しかし，このパブリック・スクールにおけるスポーツは，当時，教科としての位置づけではなく，放課後の自治活動としての導入であった[3]。この放課後の自治活動を通して，スポーツに人格を形成する機能を見出し，徐々にスポーツが学校教育の一手段であるとみなされ始めたのである[14, 20]。また，このように学生の自主的なスポーツ活動の教育的意義が認められ，学校教育にスポーツが導入されるようになった例は，アメリカにもみられる[21]。

　それでは，日本においては，どのような過程を経て「体育」として位置づいてきたのか概観していく。日本では，1872年の学制の制定と同時に，「体術[注2]」という教科の名前で，教育として始まっている。しかし，この頃行われていた授業では，集団秩序体操や兵式体操，鉄棒などを用いた運動が中心であった。また，この頃の体育の目標は，兵士や労働者を鍛えることであり，精神的にも国に尽くす国民性を形成することが目的であった。ところで，この頃，スポーツが日本に普及していなかったわけではなく，富裕層の子どもたちが通う学校などの限られた範囲で普及していた。富裕層の子ど

注1)　「ゲーム・マスター」と呼ばれる若い教師は，多くの場合，寮監を兼ねており，生徒の生活指導も行ったとされている[3]。日本においても，体育教師に対する生活指導の期待は大きいとされ[13]，日本の体育教師に対するイメージと似通った部分があると考えられる。
注2)　体育の教科名称は，学制の制定と同時に「体術」とされたが，その後「体操」「体錬」となり，戦後は「保健体育（小学校は体育）」と変化してきた[22]。

表 5-1　小学校から高等学校までの領域							
小学校			中学校		高等学校		
1，2 学年	3，4 学年	5，6 学年	1，2 学年	3 学年	入学年次	次の年次	それ以降
体つくり運動遊び		体つくり運動			体つくり運動		
器械，器具を使っての運動遊び	器械運動	器械運動	器械運動	器械運動	器械運動		
走，跳の運動遊び	走，跳の運動	陸上運動	陸上運動	陸上運動	陸上運動		
水遊び	浮く，泳ぐ運動	水泳運動	水泳	水泳	水泳		
ゲーム	ゲーム	ボール運動	球技	球技	球技		
表現・リズム遊び	表現運動	表現運動	武道	武道	武道		
			ダンス	ダンス	ダンス		

（文献 8, 10, 11, 19 を参考に作成）

もたちには，費用のかかる様々なスポーツが提供されていたのに比べ，当時の一般家庭の子どもたちが通う学校では，体操を中心とせざるをえない状況にあったともされている[24]。このようなことから，当時の日本では，スポーツが限られた者のみが行うものだという認識があったと考えられる。

　一方で，戦後の日本は，アメリカをモデルとした「運動による体育」を目指し，スポーツを主な教材とする体育に変わっていった。この新しくなった体育では，国民を鍛えることが目的ではなく，スポーツ自体を楽しむ態度や健康的な心身を養うことを目的としていた。また，1947 年には，戦後学校体育の原点となる「学校体育指導要綱」が文部省より発行された。その中では，大きく体操（徒手体操，器械体操）と**遊戯**（遊戯，球技，水泳，ダンス）の 2 つが体育の授業で扱う内容として示されており，体操中心の体育から変化し始めていることがわかる。

　このような背景から，日本におけるスポーツと教育（体育）の関係は，戦後に大きく変わることになった。特に，学校の体育や運動部活動で様々なスポーツを経験した子どもたちが大人になり，地域や社会においてもスポーツに参加する国民的基盤を形成していったとされ，戦後の日本におけるスポーツ普及の中心は，学校の体育授業や運動部活動であったといえる[23]。

2. 体育授業で扱う「スポーツ」について知る

　体育授業で扱われるスポーツにはどのようなものがあるのだろうか。ここでは，学校の教育課程（カリキュラム）を編成する際の基準となる，**学習指導要領**を参考に話を進めていく。まず，学習指導要領とは，全国のどの学校で教育を受けたとしても，一定の水準の教育を受けることができるように，各学校の教育課程を編成する際の基準として，文部科学省が定めているものである。

　この学習指導要領では，小学校，中学校，高等学校などごとに，各教科などの目標や教育内容の大枠を定めている。またこれとは別に各教科などの年間の標準授業時数などが定められており，各学校では学習指導要領や年間の標準授業時数などを踏まえ，地域や学校の実態に応じて教育課程を編成している[12]。学習指導要領の改訂は，およそ 10 年に一度行われていて，最新の学習指導要領は 2017 年（小学校，中学校）と 2018 年（高等学校）に告示されたものである。

　小学校から高等学校までの学習指導要領を整理すると，それぞれの段階における体育で扱う領域が，**表 5-1** のようにまとめられる。**表 5-1** の通り，小学校では 6 領域，中学校と高等学校では武道が加わっ

表 5-2　発達段階のまとまりについて

小学校第 1 学年～第 4 学年	小学校第 5 学年～中学校第 2 学年	中学校第 3 学年～高等学校卒業年次
子どもがやさしい運動に出会い，のびのびと体を動かす楽しさや心地よさを味わうことを大切にしながら，体の基本的な動きを身につけ，各種の運動の基礎を培うことを重視した指導が重要である	各種の運動種目の初歩的な技能を身につけたり，動きのコツなどの知識を生かして運動の特性や魅力に応じた練習方法を適切に選んだりすることが可能となる。そこで，この時期には様々な運動を体験し，それぞれの運動のよさなどを踏まえたうえで，将来に向けて運動を選択できるようにしていく力を養っておく必要がある	自己に適した運動種目を選択し，その運動を深める取り組みを通して，初等中等教育の修了段階までに「生涯にわたって運動を豊かに実践する」ための基礎となる知識や技能を身につけることができるようにすることを目指す

（文献 19 を参考に作成）

て 7 領域の構成になっている[注3]。そして各領域には，それぞれ固有の内容や楽しさがあり，それら固有の内容や楽しさを大切にした授業づくりが重要となるのである。また，発達の段階を踏まえるために，小学校から高等学校までの 12 年間を 4 年間ずつ 3 つのまとまりでとらえている。それぞれの発達段階について重要となることを**表5-2**にまとめた。**表5-2**にまとめたように，学校の体育授業においては，子どもたちの発達段階に応じて領域の中から適切な種目を選択し，それぞれの発達段階に合わせて簡易化したり工夫したりすることが求められるのである。つまり，体育の授業では，世の中に存在するスポーツをそのままの形で授業に適用するのではなく，各領域固有の内容や楽しさを意識して，形を変えつつスポーツが用いられているのである。

3. 教材づくりによって形を変えるスポーツ

前述の通り，体育授業の中で扱われる運動は，6 領域または 7 領域存在する。ここでは，それら各領域の授業で扱う「**教材**」に焦点を当てる。

まず，体育授業以外で経験してきたスポーツ（種目）を思い出してほしい。運動部活動や地域のチームに所属し，様々な種目を経験してきた人がいるだろう。それらのスポーツには，公式ルールまたは規則と呼ばれるものや，各運営組織が規定するルールが存在し，使用する用具，コートや競技場のサイズ，プレーする人数，得点や違反の定義などがあったはずである。各種目特有のルールや規則は，その種目の特徴であり，種目固有のおもしろさをつくり出しているものともいえる。

次に，体育の授業として経験してきたスポーツ（種目）を思い出してほしい。体育の授業として行われる種目のルールまたは規則が，公式もしくはそれに近いものを用いていただろうか。公式のルールまたは規則が用いられていた場合や，それに近い形で行われていたという経験を持った人もいるかもしれない。しかし，多くの学校，特に発育発達段階や運動経験の差が顕著に現れる小中学校の段階では，公式ルールまたは規則を用いるのではなく，発育発達段階に応じてルールなどを簡易化することや，より学習内容がわかりやすくなるように教材を工夫することが望ましい。公式ルールを通して，その種目の特徴に触れることも重要かもしれないが，体育授業としての学習内容や，すべての子ども

注3）　学校や地域の実態に応じて，雪遊び，氷上遊び，スキー，スケート，水辺遊びなどを指導することもできる[9]。

●4対4（うちキーパー1人）で行う。ゴールエリア内にはキーパーしか入れない。		
攻撃にかかわること	守備にかかわること	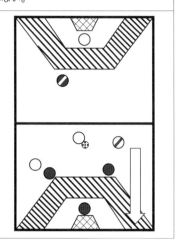
●ドリブルなし，パスのみで進む。また，シュートエリア（斜線部分）は歩いてよい。 ●シュートはシュートエリアの中から打つこと。ボールを持った選手がそのままエリアに入り込むことはできない。	●守備側のチームの1人（タスキをつける）は，相手コートに残り守備をしない。 ●守備はパスカットとシュートブロックのみ。直接ボールを奪うのは禁止。	
●チームのうち1人はタスキをつけ，攻め残り（守備の時に自陣に戻らない）となる。得点したら，タスキ・キーパーを含めチーム内でローテーションをする。 ●攻め残りの人は相手コートのシュートエリア外で待機し，攻撃になったらその範囲内でボールをもらえるように動く。		

図 5-1 工夫されたハンドボールのゲームルール（文献1を参考に作図）

図 5-2 図5-1のゲームルールで使用されたコート

たちに学習機会をなるべく均等に保障できるような環境や教材をつくることが重要なのである。また，公式のルールまたは規則を用いた場合，日常生活の中で運動経験があまりない子どもや，運動が苦手だという子どもにとって，体育の授業が苦痛になってしまう可能性が高くなる。一方で，運動経験が豊富な子どもや運動が得意だという子どもにとっても，体育授業としての学習内容や学習機会をきちんと保障できるような教材や環境が求められる。そのため，体育授業で用いる教材は，授業を行う教師が適切な形に修正する必要があるのである。

球技系の種目を例に挙げれば，人数を公式ルールより減らしコートの大きさを小さくすることで，1人ひとりがボールに触れる機会を増やす方法や，攻撃側の人数を守備側よりも多く設定し，攻撃を行いやすい環境をつくるといったことが挙げられる[2, 15]。また，陸上運動の授業で，ハードルの代わりに段ボールやソフト素材でつくられた簡易ハードルを用いて，段階的に正規のハードルへ移行していくことや，剣道の授業で使うための竹刀を塩化ビニールパイプと空調用パイプカバーで簡易的に作製するなど，体に当たっても極力痛くないような教具を作製し，子どもの恐怖心を和らげるような工夫も挙げられる[6,16]。これらの教材教具の工夫においては，スポーツ（種目）特有のおもしろさを損

なわないようにしつつも，体育としての学習内容を保った教材へと工夫するために，教師が授業をする子どもたちの様子を普段からよく観察することや，常に教材研究を怠らないようにすることが重要である。つまり，子どもたちが体育授業の中で学習し，スポーツを楽しむことができるようにするためには，体育授業中以外での教師の努力が求められるのである。

　それでは，形を変えた教材や教具の例を具体的に紹介する。読者が知っている種目とどこが違うか比較しながら，スポーツが体育の中でどのように形を変えているのか考えてみてほしい。

　図 5-1 には，小学校 5 年生のハンドボールの授業として行われたゲームのルールを示した[1]。このゲームで特徴的なのは，**図 5-2** のようにゴールの形が台形で，コートの内側へせり出すように設置されている点である[注4]。これにより，せり出した面にシュートを当てることで得点となり，通常の形状をしたゴールよりもキーパーがゴールを守りづらく，攻撃側がシュートを決めやすくなっている。また，ドリブルを禁止してパスだけで攻撃するようにルールを設定することで，運動が得意な子どもにボールを独占されることが減少し，子どもたち 1 人ひとりがボールに触れる機会を保障することを意図しているのである。

　このように，体育授業の中では，世の中に存在するスポーツを教師や研究者が学習内容に合わせて改変し，教材として子どもたちに提供するのである。子どもたちは，その教材を通してスポーツ（種目）の特性と触れ合うのである。

4. これからのスポーツと教育のかかわりはどうなるか

　スポーツという言葉が，これまで以上に様々なところで用いられるようになってきている。スポーツと名のつくもの，場所，職業についても，容易に思いつく。スポーツに関する職域が拡大していることや，スポーツという概念が世の中に浸透してきていることから，各所にその傾向がみられる。例えば，「体育の日」が 2020 年から「スポーツの日」と名前を改めていることが挙げられる。また，日本の体育系大学の英語表記をみても，「体育」を表わす「physical education」ではなく，「sport」を用いる大学がみられるようになった[注5]。日本体育大学の英文表記も，以前は Nippon College of Physical Education（NCPE）となっていたが，1996 年より Nippon Sport Science University（NSSU）となっている。

　それでは，これからのスポーツと教育（体育）のかかわりはどうなるのだろうか。特に，種目の種類が多い球技系の領域に焦点を当てて考えてみる。小学校から高等学校までの学習指導要領では，各種目で共通する部分がゲームの構造から導き出され，型ベースによって整理されている。この整理は，2008 年版の学習指導要領から示されており，サッカーやバスケットボール，ハンドボールなどの「**ゴール型**」，バレーボールやテニス，バドミントンなどの「**ネット型**」，野球やソフトボールなどの「**ベースボール型**」の 3 つに整理されている。これは，種目特有の内容だけではなく，型ごとに共通する内容を学ぶことで，「豊かなスポーツライフ」の実現に向けた指導が行えるようになることを目指している。また，第 3 節でも触れたように，型ごとに示された学習内容を学ぶために適した教材の開

注4)　ゴールの形が V 字型をした「V 字ゴール・ハンドボール」という教材を用いた実践もある[4]。

注5)　大阪体育大学は Osaka University of Health and Sport Science である。また，2003 年には日本で初めて「スポーツ」を大学名に用いたびわこ成蹊スポーツ大学が設立されている。体育（physical education）を用いている大学，学部ももちろんある。国士舘大学体育学部（Faculty of Physical Education），日本女子体育大学（Japan Women's College of Physical Education），東京女子体育大学（Tokyo Women's College of Physical Education）などである[5]。

発や探索も常に行われている。例えば，フラッグフットボールやタグラグビー，アルティメットといった，過去にはマイナースポーツととらえられていた種目も体育授業の教材として用いられることが増え，学習指導要領にも例示されるようになった。その中でも，タグラグビーは，2015年と2019年に開催されたラグビーワールドカップの影響を受けて，小学校での実践が流行していたとも考えられる。特に，日本開催の2019年大会に向けて大会を盛り上げようと，一部の試合会場が置かれていた埼玉県では，タグラグビーの小学校体育授業への普及が行われた[17]。このように，世間の流れを受けて1つの種目が体育授業でのトレンドになることもありうる。つまり，学校の体育授業で行っているスポーツは限られているものの，世間のスポーツへの関心に影響を受けやすく，今後も様々な種目に焦点が当てられていくと考えられる。

　このスポーツへの関心については，これまで行われてきたスポーツの組み合わせによる新たなスポーツの創造や，世界大会の開催，またはその大会を盛り上げることを目的としたスポーツの普及活動などといったことが世界各国で行われている。また，近年では，**eスポーツ**への関心も広がりをみせている。このeスポーツをスポーツととらえるかどうかは意見が分かれている段階ではあるが，教育の場に導入されている学校もある。公立学校ではなく，体育としての導入ではないが，eスポーツを専攻することができる学校が存在する。

　私たちが生活する世界の変化に伴って，スポーツと呼ばれるもののとらえ方が変化したり，スポーツと名のつくものが増えたりする。それに伴って，スポーツと教育のかかわり方も変化し続けていくだろう。そのような予測不可能な未来において，これから教師を目指す，もしくはスポーツ関連の職業を目指す場合には，スポーツと教育（体育）をどのようにとらえていくのがよいだろうか。今後，学習指導要領が改定される時には，これまで例示されてこなかったスポーツが例示されることもあるかもしれない。

---

column

大学生とスポーツ

　「サッカー」「ラグビー」と呼ばれる種目は，19世紀中頃にイギリスで成文化したといわれている。しかもこれらの種目は，当時の大学生が主体となって，各地に点在していたルールを統一し，競技として確立していったとされている。また，過去の日本においても，海外から輸入されたスポーツと出会う機会をいち早く手に入れたのは，当時の学生（特に大学生）であったとされ[18]，これらのことからもスポーツと教育のかかわりをうかがうことができる。一方で，様々な物や知識に溢れる現代の大学生は，どのようなスポーツに関心を向けるのだろうか。ここでは，現代の大学生が関心を向けるスポーツの特殊な例を紹介する。

　「クィディッチ（Quidditch）」という種目をご存知だろうか。これは，イギリスの作家，J.K. ローリングによるファンタジー文学作品「ハリー・ポッター」シリーズに登場する架空のスポーツである。作品の中では，主人公を含む選ばれた生徒たちが，箒にまたがって空を飛び，自身が所属する寮の優勝をめぐって他寮と試合をする様子が描かれている。しかし，近年では架空のスポーツといえなくなってきている。というのも，2003年頃からアメリカで実際に競技として行う大学生が現れたのである[7]。現在では，世界大会も開催され，日本代表も存在し，YouTubeなどにも試合動画が上がっている。原作や映画とは異なり，実際に空を飛んではいないものの，各プレーヤーが箒（または棒状のもの）にまたがってフィールドを駆け巡り，何種類かのボールがその間を行き交っている。

　このように，現代の大学生が関心を向けるスポーツの中には，これまでにみたこともないようなスポーツが存在するかもしれない。また，そのようなスポーツが，今後一般化していく可能性もある。

参考文献

1) 赤城雅史：運動の楽しさを味わわせ，積極的に運動に取り組む児童を育成する体育授業の研究―「わかる」と「できる」をつなぎ学びを深めるボール運動ゴール型の指導方法について．令和元年度埼玉県長期研修教員研修報告書，2019．

2) 福ケ迫善彦：小学校体育授業におけるゲームのミニ化の意義．愛知教育大学保健体育講座研究紀要，30: 27-32, 2005．

3) 石井昌幸：イギリス―近代スポーツの母国．In: 坂上康博，中房敏朗，石井昌幸 他編，スポーツの世界史，一色出版，東京，pp.53-84, 2018．

4) 岩田　靖，西沢和彦，降旗春希：小学校体育における中学年の侵入型ゲームの教材づくりとその検討―「V字型ゴール・ハンドボール」ゲームの修正とその成果に関する分析．信州大学教育学部紀要，118: 21-31, 2006．

5) 出原泰明：体育とスポーツは何が違うのか．In: 友添秀則，岡出美則 編，教養としての体育原理，新版，大修館書店，東京，pp.20-25, 2016．

6) 菊池　耕，吉野　聡，柴田一浩 他：一撃の攻防を強調する剣道の授業づくりとその有効性．体育学研究，59: 789-803, 2014．

7) 桑野久子：『ハリー・ポッター』におけるクィディッチ―学校物語のスポーツについての一考察．流通経済大学スポーツ健康科学部紀要，10: 59-74, 2017．

8) 文部科学省：小学校学習指導要領（平成 29 年告示），東洋館出版社，東京，2018．

9) 文部科学省：小学校学習指導要領（平成 29 年告示）解説体育編，東洋館出版社，東京，2018．

10) 文部科学省：中学校学習指導要領（平成 29 年告示），東山書房，京都，2020．

11) 文部科学省：高等学校学習指導要領（平成 30 年告示），東山書房，京都，2018．

12) 文部科学省：学習指導要領とは何か？　文部科学省ホームページ，https://www.mext.go.jp/a_menu/shotou/new-cs/idea/1304372.htm（2020 年 11 月 1 日最終確認）

13) 中井隆司，高橋健夫，岡沢祥訓：体育教師のイメージに関する研究―特に，大学生の中学・高校時代の体育教師に対する回顧的析を通して．スポーツ教育学研究，16(2): 125-185, 1996．

14) 中澤　篤：スポーツと学校教育―これまでの体育学はどう論じてきたか．家計経済研究，103: 42-50, 2014．

15) 大倉茂人：68 cm の手作りハードルで恐怖心の軽減を図る．体育科教育，62(4): 30-33, 2014．

16) 鬼澤陽子，小松崎敏，岡出美則 他：小学校高学年のアウトナンバーゲームを取り入れたバスケットボール授業における状況判断力の向上．体育学研究，52: 289-302, 2007．

17) 埼玉県教育委員会：オリンピック・パラリンピック/ラグビーワールドカップ教育に関する情報．http://www.pref.saitama.lg.jp/f2203/oly-para-edu/（2020 年 10 月 29 日最終確認）

18) 坂上康博：日本―スポーツと武術/武道のあゆみ 150 年．In: 坂上康博，中房敏朗，石井昌幸 他編，スポーツの世界史，一色出版，東京，pp.533-566, 2018．

19) 白旗和也：これだけは知っておきたい「体育」の基本，東洋館出版社，東京，pp.1-31, 2012．

20) 鈴木秀人：英国パブリック・スクールにおける体育授業に関する一考察．スポーツ教育学研究，19: 1-25, 1999．

21) 高橋健夫：学校教育におけるスポーツの役割―体育科におけるスポーツの位置づけに関連して．学術の動向，10: 76-78, 2006．

22) 友添秀則：なぜ，体育原理を学ぶのか．In: 友添秀則，岡出美則 編，教養としての体育原理，大修館書店，東京，pp.3-7, 2016．

23) 内海和雄：部活動改革―生徒主体への道，不昧堂出版，東京，pp.3-72, 1998．

24) 内海和雄：戦後日本の福祉とスポーツ．広島経済大学研究論集，36: 1-31, 2013．

スポーツとバイオメカニクス

山口　雄大，沼津　直樹，高橋　和孝

はじめに―スポーツバイオメカニクスとは

　トップアスリートの動作は「力強く」「巧み」かつ「美しい」ものである。なぜそのような動作ができるのか，自分と何が違うのかを知りたいと思った経験は誰にもあるだろう。スポーツバイオメカニクスは，この「力強さ」「巧みさ」「美しさ」を科学的に調べ，数値化し，パフォーマンスを向上させたいと願うアスリートにとって必要な知見を与えることのできる学問である。また，研究対象はトップアスリートに限らず，幼児の動作（ハイハイ）から，高齢者の歩行中の転倒など，日常動作も含まれる。それは，幼児の発育に伴う身体の変化や動作の特徴から，ヒトはどのようにして成長し動作を獲得していくのかを解明し，日常動作やスポーツ現場における障害予防に重要な視点を与えてくれる。

　そもそもスポーツバイオメカニクスとは，生物を意味する「バイオ（bio）」と力学を意味する「メカニクス（mechanics）」の合成語である「バイオメカニクス（biomechanics）」を，スポーツ分野で応用した学問である（なお，本章では以降「バイオメカニクス」とする）。**バイオメカニクス**の主たる目的は，人の動きに対して，「なぜそのような動きになるのか」「どうしたらうまくなるのか」さらには「こんな動きはできないか」などを解明することであり，これらのことを常に考えることが重要である（**図 6-1**）。本章では，この目的達成のためのアプローチ方法をいくつか紹介し，その代表的かつ具体的な研究方法を説明していく。

（山口　雄大）

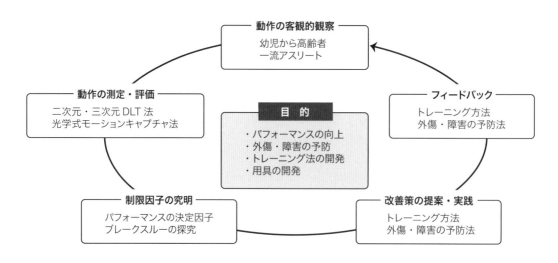

図 6-1　バイオメカニクス的思考の流れ

1. 人体の計測

　私たちは健康診断などで身体の重さや長さを計測することがある。計測により得られた様々なパラメータ（変数）は，個人差を示すものであり，年齢や性別，体型や人種などにより大きく異なる。例えば，身長の違いは筋の長さに影響し，筋の長さの違いは筋の張力発揮の大きさに影響する。バイオメカニクスでは，このような各種パラメータを質量や慣性モーメント，関節位置，筋の付着位置や長さなど詳細に分類し，

表6-1　体重（身体質量）に対する身体各部分の質量比		
部位	**体重に対する質量比（%）**	
	男子	**女子**
頭部	6.9	7.5
体幹	48.9	45.7
上腕*	2.7	2.6
前腕*	1.6	1.5
手部*	0.6	0.6
大腿*	11.0	12.3
下腿*	5.1	5.3
足部*	1.1	1.1

*すべて片側。

「運動の見た目や様子」を検討するキネマティクスや，「動きの力学的原因」を検討するキネティクスなどの分析に用いる。そのため，人体計測により得られる情報はバイオメカニクスの基本的かつ不可欠なパラメータの1つであり，その精度は各種分析の信頼性や正確性を左右する。ここでは，全身のデータから身体各部分の慣性パラメータ（重心位置や慣性モーメントなど）の算出方法に関する研究手法を紹介する。

1) 身体各部位の計測

　バイオメカニクスでは，ヒトの全身を形状が変化しない剛体と仮定し，関節点などを基準にして14〜15の節（**セグメント**）に分かれ，それぞれが関節で繋がっている（リンクしている）「**剛体リンクセグメントモデル**」とみなす。そして，①身体各セグメントの重さ，②重心位置，③慣性モーメントなどの**慣性パラメータ**（身体部分慣性係数，body segment inertia parameters：BSP）を算出する。しかし，生体をバラバラにし，BSPを計測することはできない。そのため，古くは①屍体切断法（屍体をバラバラにし，計測する），②写真撮影および幾何学的モデル法（全身を正面と側方から撮影し，身体各セグメントをいくつかの楕円板の集合体と仮定して計算する）などで決定してきた。近年では，核磁気共鳴画像（MRI）法やコンピュータ断層撮影（CT）法，非接触型三次元計測装置などにより，個人の形態的特徴を詳細に計測する場合もある。ここでは，本学の阿江先生の研究グループが報告した，推定式によるBSPの算出方法を概説する[4]。

2) 身体各部の重さ

　表6-1に，体重に対する各セグメントの質量の割合（質量比）を示した。男子では，胴体（体幹部）の重さは体重の48.9%，大腿部の重さは体重の11%（左右合わせて22%），頭部（頭頂から胸骨上縁まで）の重さは体重の6.9%とされている。例えば，体重70kgの男子の体幹部の重さは $70 \times 0.489 = 34.23$（kg），つまり約34kgであると計算できる。

3) 身体重心

　地球上に存在するすべての物体には重力が作用し，地球の中心に向かって引っ張られている。地球上での重力加速度は概ね $9.8 \ \mathrm{m/s^2}$ と一定であるため，身体各部分に作用する重力の大きさは，前述の身体各部分の質量の大きさ（重さ）に比例する。そして，身体各部分に作用する重力を1つにま

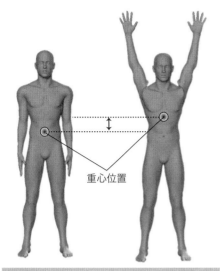

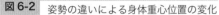

重心位置

図6-2 姿勢の違いによる身体重心位置の変化

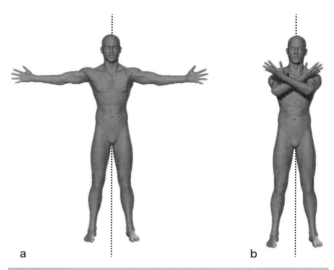

a　　　　　　　　　　　　　b

図6-3 慣性モーメントが大きい姿勢（**a**）と小さい姿勢（**b**）

とめた合力の作用点を**身体重心**と呼ぶ。身体重心は全身の運動を表わす代表点であるため，競技現場では「重心を低く保つ」「相手の重心を崩す」など，一般的に用いられているパラメータでもある。前述したように，身体重心は「身体各部分に作用する重力を1つにまとめた合力の作用点」であるため，身体重心位置は身体各部分の姿勢によって変化する。例えば，直立状態の身体重心位置は身長の約55％とへそあたりであるが，バンザイをすると5％程度上昇し，身体を前屈させると体幹と脚の間に移動する（**図6-2**）。

4）慣性モーメント

　バットをスウィングする際，グリップ側の端を持つよりも，グリップの端から少し間隔を空け，短く持つ方がスウィングしやすい。このように，打具などの物体や身体各部を回転させる時の回しやすさ，回しにくさを表わす量を，**慣性モーメント**という。ゴルフクラブやバット，テニスラケットなどに表わされるように，打具の慣性モーメントは「回転させる（または振り回す）物体の長さ・重さ・形状（半径など）」によって大きく異なる。また，ヒトの運動では，姿勢を変えることで，回転のしやすさを変えることができる。例えば，フィギュアスケートでは，回転（スピン）の前には両腕を左右に開き，縦軸（体幹）まわりの慣性モーメントを大きくし，回転中は腕を胸に抱えこむようにして慣性モーメントを小さくすることで，回転速度の加減速を行っている（**図6-3**）。

（沼津　直樹）

2. キネマティクス：動きを探る

　キネマティクス（kinematics）とは，アスリートの動作を数値化し，身体の形や位置，それらの変化を研究する学問である。競技現場においてはアスリートの動きを目で見て評価する必要があるため，指導者にとってキネマティクスは重要な要素である。

　キネマティクスの始まりには，古代ギリシャの哲学者アリストテレス（B.C. 384～322年）や，イタリア・ルネサンスの博学者レオナルド・ダ・ヴィンチ（1452～1519年）など，錚々たる人物

がかかわっている。動作分析の研究において，初めてカメラの映像が用いられたのは19世紀後半である。当時，アメリカで活躍していたマイブリッジ（Eadweard Muybridge）は，被写体を連続撮影することで，一連の動きを1枚のフィルムに収めることに成功した。現代では，技術の進歩により簡単に動画の撮影ができるため，特殊な技術がなくても動作解析が可能となっている。

　現代における動作解析の手法は，高速度カメラ，光学式モーションキャプチャカメラ，慣性センサなど多岐にわたる。これらの手法すべてに共通しているのは，重心位置や関節の角度，位置などが時間経過に伴ってどのように変化するかを示すことである。例えば，時速160 kmを投げる投手の指先の動きや，100 mを9秒台で走るスプリンターの歩幅などが該当する。ここでは，カメラを用いて動きをとらえる手法と，具体的な研究実施例を紹介する。

1）動作解析の手法：モーションキャプチャ

　動作解析の基本は，動きを座標化（デジタイズ）することである。具体的には，映像に映る対象者の解剖学的特徴点（ランドマーク）をデジタイズすることで，スティックピクチャー（棒人間のようなもの）を描き，さらに各関節の角度や移動速度を算出することができる。また，デジタイズする過程で正確な情報を得るためには，較正（キャリブレーション）が必要である。1台のカメラで二次元の動作解析を行う場合には，二次元座標がわかっているリファレンスポイント（目印）を複数個設置し，それらを基準に較正を行う。この方法をDLT（direct linear transformation）法と呼び，この一連の流れは，記述する次元が二次元でも三次元でも変わらない。さらに近年では，赤外線カメラを用いた光学式モーションキャプチャシステム（ハリウッド映画のCG撮影などにも用いられる手法）が導入されている。この手法は対象者のランドマークに専用の反射マーカーを貼付することで，マーカーの位置が自動的に検知され三次元の位置情報を取得できる。映像からデジタイズする過程を自動で行わせるため，分析時間が短くかつ測定精度の高い方法として広く活用されており，その他の力データや筋電図データと同時に記録できることから，総合的な分析を行うのに有用である。

2）動作解析の研究実施例：一流アスリートとの比較

　動作解析を行ううえで最も重要なことは，「得た情報をどのように競技現場に還元するか」である。解析の結果を示すだけでなく，どのようにすれば競技パフォーマンスが向上するか，「解」を求めなくてはならない。この「解」を導き出す1つの手法として，標準動作モデルがある[3]。

AIを用いた自動骨格モデル column

　近年，AIの発展により人々の暮らしは飛躍的に豊かになっているが，スポーツバイオメカニクスもまた，AI技術の発展の恩恵を受けている。先に紹介した動作解析手法は，人体のランドマークに目印となるもの（反射マーカーやテープなど）を貼付することで，人体を三次元構築することができていたが，試合中のアスリートにそのようなものを貼付することは困難である。そこで開発されたのが，マーカーレスモーションキャプチャシステムである。マーカーレス，すなわち反射マーカーなどの目印なしで，人体の骨格を認識し関節中心点を推定してくれるのである。このシステムは競技中の選手の動きを数値化することができるため，体操競技などの技の完成度を競う採点競技には非常に有効な方法である。現在，富士通，富士通研究所，日本体操協会が共同開発を行っており，近い将来，競技現場にも導入される予定である。

（山口　雄大）

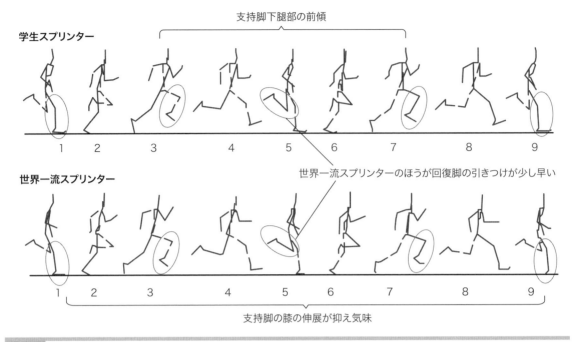

学生スプリンター

支持脚下腿部の前傾

1　2　3　4　5　6　7　8　9

世界一流スプリンターのほうが回復脚の引きつけが少し早い

世界一流スプリンター

1　2　3　4　5　6　7　8　9

支持脚の膝の伸展が抑え気味

図 6-4　世界一流スプリンターと大学生スプリンターの標準動作（男子）（文献 1 をもとに作図）

　近年，競技パフォーマンスの高い選手やその競技の熟練者複数名の動きを計測し，その動作の標準値（標準動作モデル）が構築されている[2, 13]。**図 6-4** に，世界一流スプリンター群（自己記録 9 秒 77 〜 10 秒 33）と学生スプリンター群（自己記録 10 秒 46 〜 11 秒 37）の全力疾走動作を示した。この両群の動作を比較すると，学生群の動作は足が地面から離れる瞬間における支持脚下腿部が大きく前傾していること，世界一流群は足が地面に接地する時に膝の伸展が抑え気味であること，同局面での回復脚の引きつけが少し早いことなど，小さな動作の違いが指摘される[3]。このように，トップアスリートと比較することで，指導のポイントやトレーニング方法への示唆を得ることができる。

（山口　雄大）

3. 筋と関節のバイオメカニクス

　多くの人は，中学校や高校において体力テストを経験し，握力や背筋力など，筋力（最大筋力）の測定を経験していると思われる。筋力は，筋が収縮することによって発揮される，身体活動におけるエンジンともいえるものである。筋収縮の特性として重要なのは，この収縮要素の速度が，発揮される力に影響するということである（**力－速度関係**，**図 6-5**）。すべての速度範囲にわたって最大の出力が保証されている場合，収縮速度が 0（＝等尺性収縮）の際に発揮できる力が最も大きく，速度の増大に伴って，発揮される力は低下するという関係である[8]。もう 1 つの重要な特性は，**力－長さ関係**（**図 6-6**）として知られ，等尺性の筋力発揮においては，筋の長さ（サルコメア長）によって発揮される筋力が異なるというものである[7]。

　筋の機能は単純であり，収縮である[10]。しかし，「収縮」と一言に言っても，その仕方はいくつかに分類され，運動様式やトレーニング効果も異なる。筋は通常，腱によって隣接する 2 つの骨につながり，関節を動かす。筋が収縮しているものの，関節の動きがない収縮を**等尺性収縮**（isometric

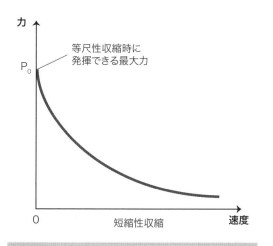
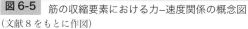

図6-5 筋の収縮要素における力–速度関係の概念図
（文献 8 をもとに作図）

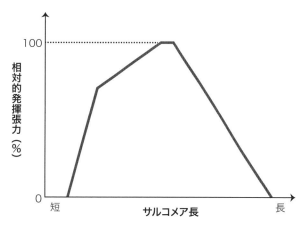

図6-6 筋の収縮要素における力–長さ関係の概念図
（文献 7 をもとに作図）

contraction）と呼ぶ。一方，筋収縮によって関節が動く場合において，同じ大きさの抵抗に対して力を発揮している収縮を**等張性収縮**（isotonic contraction），収縮速度が一定の収縮を**等速性収縮**（isokinetic contraction）と呼ぶ。また，等張性収縮および等速性収縮では，筋が短縮しながら収縮する場合と，伸張されながら収縮する場合があり，前者を**短縮性収縮**（concentric contraction），後者を**伸張性収縮**（eccentric contraction）と呼ぶ。例えば，水の入ったバケツを持ち上げている時，肘関節を曲げながら持ち上げているような状態が短縮性収縮，肘関節の曲げ伸ばしがない状態で支えているような状態が等尺性収縮，バケツを支えられず肘関節が伸びていくような状態が伸張性収縮である。

　一般に私たちの種々の運動は，伸張性収縮が短縮性収縮に先立って生じており，それぞれの筋収縮が単独で行われることはあまりない。筋は伸張後に短縮した方が，等尺性の状態あるいは休息状態からの短縮に比べて大きな力を発揮でき，かつ運動初期から大きな力を発揮できる。そのため，スポーツの様々な場面において，伸張性収縮が短縮性収縮に先立って生じるように，意識的あるいは無意識的に遂行されている（一般的にこれを**反動動作**と呼ぶ）。この時，主動作を構成する筋–腱は，いったん引き伸ばされてから急激に短縮されており，これは**伸張–短縮サイクル**（stretch-shortening cycle：SSC）**運動**と呼ばれている[12]。陸上競技の跳躍種目，あるいは球技スポーツにおける各種の跳躍やフットワークでは，きわめて短時間に爆発的な力を発揮することが要求される。したがって，このような競技のパフォーマンスを向上させるうえでは，SSC 運動を利用した筋の力・パワー発揮能力を高めることが重要である。

（高橋　和孝）

4. 筋電図

　走る・跳ぶ・投げるなどの各種の運動を実施する際，そのもととなっている力は，筋の収縮によって生み出される。筋の活動の大きさは**筋電図**（electromyography：EMG）によって計測できる[11]。筋電図は，筋を収縮させる電気信号が筋に到達した際に観測される**筋電位**（myo-electric

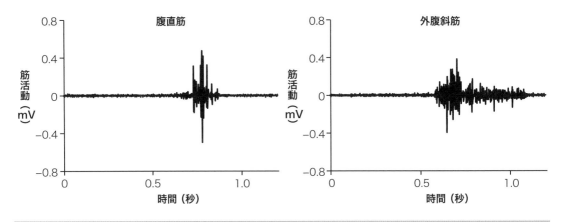

図 6-7 体幹を左に捻転させた際の腹直筋と外腹斜筋の筋活動

potential：ME potential）を記録する手法である。この筋電位の導出方法は用いる電極によって大きく 2 つに分けられ，筋内に刺入する針電極を用いる針筋電図（needle EMG）と，皮膚表面に貼付する表面電極を用いる表面筋電図（surface EMG）がある。体育・スポーツの現場では，侵襲性のない後者の方法がよく用いられる。

図 6-7 に，体幹を左へ捻転させ，腹直筋右側と外腹斜筋右側に表面電極を貼付し計測した**原波形**（**raw EMG**）を示した。これらの波形からは，「筋が活動しているか，していないか」「時間の変化に伴い活動がどう起こっているか」などがわかる。腹直筋，外腹斜筋ともに，0.5 秒過ぎから振幅が大きくなっていることから，このあたりから筋が活動していることが推察できる。また，外腹斜筋は 1.0 秒過ぎまで波形がはっきりとみえることからも，腹直筋に比べて長い時間活動が続いていることがわかる。

一方で，原波形をみただけではわからないこともある。例えば，「どちらの筋がより大きく活動しているか」「A 選手と B 選手ではどちらの外腹斜筋の活動が大きいか」というようなことである。なぜこのようなことが原波形からわからないのかというと，筋の部位ごと，あるいは対象者間における皮下脂肪の厚さや，皮膚インピーダンス（皮膚の電気の流れやすさや電気のためやすさ）が異なる場合があり，これによって表面電極で記録される筋電位が異なるためである。したがって，筋間あるいは対象者間での筋活動の大きさを比較するうえでは，ある基準となる筋活動量に対する割合で示すという，**正規化（規格化）**という作業が必要になる。代表的な正規化としては，筋の**最大随意収縮**（**maximal voluntary contraction：MVC**）を用いる方法，動作 A の時の筋活動量を動作 B の時の筋活動量に対する割合で示す，**課題間比較法**などがある。これらの正規化にはそれぞれメリット・デメリットがあるため，筋電図を用いてどのようなことを解析したいかによって，適切に方法を選択する必要がある。MVC による正規化の場合，前述した異なる筋や対象者間での筋活動の比較が可能になる。しかし，MVC の発揮に不慣れな人の場合，適切な測定ができない場合がある。また，MVC は随意的な最大努力によって出力されるため，心理的限界などによって最大筋力を発揮できないという問題点がある[10]。一方，課題間比較法は，動作 A を基準とした時の動作 B の筋活動の大きさを示すものであるので，これらの動作を問題なく遂行できればよい。ただし，同一の筋での筋活動の比較はできるものの，異なる筋や対象者間での比較はできない（**図 6-7**）。

前述したように，原波形をみることによって，動作のどのタイミングでどの筋が活動したかを確認

することが可能である。このような定性的な分析で問題が解決すればそれでよい。ただし，「この動作では筋活動が○倍大きい」「熟練者は初心者に比べて，このタイミングで大きな筋活動がある」などの結論を出すためには，定量的な解析によって統計処理をし，その結論へ導くことが必要である。

（高橋　和孝）

5. キネティクス

　競技パフォーマンスを高める際，例えば高く，あるいは遠くへジャンプする場合，「下肢の関節を素早く伸展させる」といったキネマティクス的な情報だけでなく，「どの筋（あるいは筋群）を鍛えるべきか」といった情報も欠かせない。この「運動を引き起こす原因となる力」に関する分析を**キネティクス（kinetics）的分析**という。ここでは，①運動と力，②運動と筋発揮，の2点からキネティクス的研究方法を概説する。

1）運動と力
　重力が「地球上に存在するすべての物体に作用する力」であるように，地球上のすべての物体の運動は物理法則に従う。そのため，キネティクス的分析を理解するうえで，次に示す「**ニュートンの三法則**」の理解は欠かせない。
- 第1法則（**慣性の法則**）：物体は外からいかなる作用（外力）も受けない時，静止しているか，等速度運動を続ける。
- 第2法則（**加速度の法則**）：運動の変化（加速度）は，物体に作用した力に比例し，力が作用した直線の方向に向かって起こる（力＝質量×加速度）。
- 第3法則（**作用・反作用の法則**）：すべての作用には，常に同じ大きさの反作用が逆方向に生じる。
　スポーツ中の力の具体例として，走幅跳の踏切中には，身体に体重の7〜10倍の力が作用するといわれている。踏切脚の接地時間は0.15秒程度であり[6]，身体には非常に大きな負荷が作用していることがわかる。また，バスケットボールなどの球技では，ジャンプの着地直後に素早く方向転換することが求められる。スポーツ障害の観点からは，膝関節の靭帯損傷などに注目が集まっており，キネティクス的には「どのような力が膝に作用したのか」といった観点から解析し，障害予防へとつなげる研究[9]が行われている。

トレーニング実践とバイオメカニクス column

　トレーニング現場では，しばしば「このような動作をやってはいけない」という指摘を受けることがある。例えば，バックスクワットでは膝関節の位置がつま先より前に出てはいけない，というような指摘である。筋活動は，運動時の身体の動きによって大きく変わるため，トレーニングでは，負荷をかけたい筋の活動が起きているかどうかが，非常に重要となる。バックスクワットは，大殿筋やハムストリングスなどの股関節伸展筋群や，大腿四頭筋などの膝関節伸展筋群などに負荷をかけたいトレーニングである。この時の膝関節または股関節の動かし方の違いによる各関節まわりの筋活動の変化を，バイオメカニクスの手法を使うことで明らかにできる。したがって，バイオメカニクスの理論を知っておくことで，トレーニングを合目的的に実施できることになる。

（高橋　和孝）

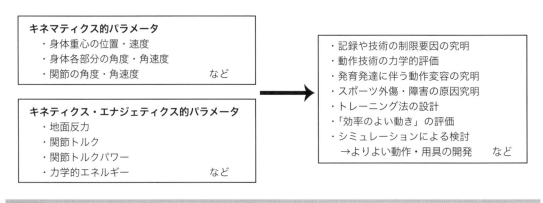

図6-8 キネマティクス・キネティクスを組み合わせて分析できること

2）運動と筋発揮

　ヒトの運動に関与したすべての筋が発揮した張力（筋張力）を計測することは，生体では現在不可能である。そのため，キネティクス的分析では，1つひとつの筋張力ではなく，屈曲・伸展，内転・外転などの関節運動に関与した複数の筋群が，関節を中心として身体各部を回転させる作用を示す「**関節トルク**」を算出する。キネティクス的分析により得られる関節トルクは，「どのような筋群が働いて動作が行われているか」といった競技パフォーマンスの評価だけでなく，バイオデックスなどの等速性筋力測定装置によって，外傷・障害の回復状態の評価やトレーニングの効果測定にも用いられている。さらに，キネティクス的な分析では，関節トルクと関節の角速度とを合わせた解析（トルクパワー解析）を行うことで，対象とする関節運動に関与する筋群が短縮性または伸張性のどちらの筋活動を行っているのかを検討することも可能となる。

　図6-8に，本章で取り上げたキネマティクスおよびキネティクス的パラメータによって可能な分析の一例を示した。バイオメカニクス研究において算出される様々なパラメータを利用することで，多くのアスリートや指導者の興味の中心となる上手な人の動きの分析や，「なぜそのような動きになるのか」といった動作の制限要因や技術的欠点の検討だけでなく，「効率のよい動き」や「無駄のない動き」といった動作技術の評価や，スポーツ外傷・障害の発生原因の究明なども行われている[1,9]。そして，近年では，コンピュータシミュレーション手法が進歩し，キネティクス的変数やキネマティ

---

column

バイオメカニクスにおけるシミュレーション技術の応用

　「より速く走る」「より高く跳ぶ」といった能力の獲得は，陸上競技選手に限らず，競技としてスポーツを実施する多くの人が憧れるものである。しかし，ヒトの動作は，個人の身体的特徴や運動能力により大きく異なる。そのため，指導者には，なぜそのような動きになるのかといった動作に関する原理的な知識だけでなく，「個人の動作特徴の良し悪しを評価する能力」も求められる。すべての選手の動作を測定し，個人の特徴について評価することは膨大な時間と労力を要する。一方，コンピュータシミュレーションでは，測定により得られたデータに対し，身長や筋力（トルク発揮）など個人差に関する数値を意図的に変更することで，コンピュータ上のヒトに様々な動作を行わせることが可能となる。これにより，実際の動作の計測や評価だけでなく，トレーニングによる選手の可能性や，「選手個人に最適な動作フォームや用具の提案」も検討可能なのである。

（沼津　直樹）

クス的変数から考えられた「よいスポーツ動作の検討」や「より使いやすいスポーツ用具の設計」なども行われている [5, 14]。

（沼津　直樹）

参考文献

1) 阿江通良，藤井範久：身体運動における力学的エネルギー利用の有効性とその評価指数．筑波大学体育科学系紀要，19: 127-137, 1996.

2) Ae M, Muraki Y, Koyama H, et al.: A biomechanical method to establish a standard motion and identify critical motion by motion variability: With examples of high jump and sprint running. Bulletin of Institute of Health and Sports Sciences, University of Tsukuba, 30: 5-12, 2007.

3) 阿江通良, 清水　悠, 矢田恵太：陸上競技における動きの標準値（標準動作）について．陸上競技研究紀要，7: 64-66, 2011.

4) 阿江通良，湯　海鵬，横井孝志：日本人アスリートの身体部分慣性特性の推定．バイオメカニズム，11: 23-33, 1992.

5) Fujii N, Moriwaki T: Functional evaluation of two-joint muscle during squat jump based on concept of power-flow. Mem Grad School Sci & Technol Kobe Univ, 10-A: 127-143, 1992.

6) 深代千之：走幅跳と三段跳の Biomechanics. J J Sports Sci, 2: 600-613, 1983.

7) Gordon AM, Huxley AF, Julian FJ: The variation in isometric tension with sarcomere length in vertebrate muscle fibres. J Physiol, 184: 170-192, 1966.

8) Hill AV: The heat of shortening and the dynamic constants of muscle. Proc Roy Soc(Lond) B, 126: 136-195, 1938.

9) 岩田真明, 小池関也：切り返し動作における ACL 損傷に関連した膝関節負荷に対する関節トルクの動力学的な貢献．スポーツ工学・ヒューマンダイナミクス 2017 講演論文, D-34. DOI: https://doi.org/10.1299/jsmeshd.2017.D-34

10) 北川　薫：運動とスポーツの生理学，改訂 2 版，市村出版，東京，p.20，2001.

11) 木塚朝博，増田　正，木竜　徹 他：バイオメカニズム・ライブラリー 表面筋電図，東京電機大学出版局，東京，pp.1-37, 2006.

12) Komi PV, Buskirk ER: Effect of eccentric and concentric muscle conditioning on tension and electrical activity of human muscle. Ergonomics, 15: 417-434, 1972.

13) Murata K, Ae M, Uchiyama H, et al.: A biomechanical method to quantify motion deviation in the evaluation of sports techniques using the example of a basketball set shot. Bulletin of Institute of Health and Sports Sciences, University of Tsukuba, 31: 91-99, 2008.

14) Yeadon MR: The simulation of aerial movement—II. A mathematical inertia model of the human body. J Biomech, 23: 67-74, 1990.

7 スポーツと生理学

小谷　鷹哉，田村　優樹，橋本　佑斗

はじめに

　生理学とは，生体の機能・仕組みを研究する学問であり，生命現象を深く理解することを目的としている。この生理学とスポーツを合わせて科学的に研究する分野がスポーツ生理学である。本章では，骨格筋の構造や機能，代謝系，呼吸循環器などの基礎知識と，スポーツやトレーニングによるそれらの生理的な変化・適応を中心に概説する。感覚的に理解しているスポーツやトレーニングによる身体の変化を，生理学的に理解することを目指す。

1. 骨格筋の量・力発揮

　身体運動の源は骨格筋の活動によるものである。ここでは，運動やトレーニングを理解するために必要となる骨格筋の構造と働き，レジスタンストレーニングによる適応についての基礎知識を解説する。

1）骨格筋の構造と働き
（1）骨格筋の働き
　人体には約 400 の骨格筋があり，ヒト成人において骨格筋は体重の 40 〜 50％を占めている。骨格筋は関節をまたいで腱と呼ばれる結合組織を介して 2 つの骨に付着し（一部骨と関係しない骨格筋もある），骨格筋が収縮することで関節が動き，身体を動かすことができる。その他にも骨格筋は，呼吸や姿勢の保持，体熱産生，糖や脂質の代謝，内分泌機能など，様々な重要な役割を担っており，単に身体を動かすためだけでなく，生命活動の維持にとって非常に重要な臓器である。

（2）骨格筋の構造（図 7-1）
　骨格筋は，筋線維（筋細胞），神経，血管，結合組織で構成されている（筋細胞は線維のように細く長いことから筋線維と呼ばれる）。筋線維の多くは筋の端から端まで繋がっており，能動的に張力を発揮する。個々の筋線維は筋内膜と呼ばれる結合組織性の膜に覆われている。この筋線維の束を筋周膜が覆い，筋線維束（筋束）を構成し，多数の筋束が筋外膜に覆われて，筋となる。
　筋線維は，発生段階で多数の筋芽細胞が融合してできる多核細胞である。筋線維内は筋形質（筋細胞の細胞質）で占められている。筋形質中の大部分は，筋原線維で占められ，その他にも細胞タンパク質，細胞小器官，グリコーゲンなどが含まれる。筋原線維は，Z 線と呼ばれる膜（Z 膜とも呼ぶ）で仕切られており，隣接する 2 本の Z 線で挟まれた区画を筋節（サルコメア）と呼ぶ。サルコメアの内部は，ミオシンタンパク質で構成される太いフィラメント（ミオシンフィラメント）と，主にア

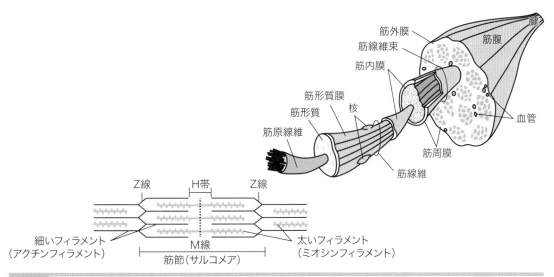

図 7-1　骨格筋の構造（文献 13 より引用）

クチンタンパク質で構成される細いフィラメント（**アクチンフィラメント**）で構成されている。この 2 種類のフィラメントは規則的に重なり合って配列されており，光学顕微鏡で観察すると縞模様にみえることから，骨格筋や心筋（心臓の筋肉）は横紋筋とも呼ばれる。筋線維の収縮は，ミオシンタンパク質の頭部（クロスブリッジとも呼ばれる）が ATP（adenosine triphosphate：アデノシン三リン酸）を分解しながらアクチンと結合・解離を繰り返し，これらのフィラメントが互いに滑り込むことでサルコメアの長さが変化することで生じていると考えられている[8]。このような考え方を「**滑り説**」または「**滑走説**」と呼ぶ。

2）筋力発揮の仕組み

　筋線維の活動の引き金は，運動神経による筋細胞膜の興奮である。脊髄にある運動神経（**α 運動ニューロン**）は筋まで伸び，分枝して筋線維に接合する（この接合部を**神経筋接合部**と呼ぶ）。1 つの運動神経とそれが支配する筋線維を合わせて**運動単位**と呼ぶ。運動神経が中枢や末梢からの入力を受けて興奮すると，運動神経終末の小胞からアセチルコリンと呼ばれる神経伝達物質が神経筋接合部に放出される。放出されたアセチルコリンは運動神経終末下にある筋細胞膜の終板と呼ばれる部位(受容体) に特異的に結合し，活動電位が発生する。筋線維で活動電位が発生すると，筋小胞体に蓄えられているカルシウムイオン（Ca^{2+}）が放出され，Ca^{2+} はアクチンフィラメント上にあるトロポニンに結合し，それによりトロポミオシンの位置が変化する。すると，アクチンとミオシンが結合できるようになり，筋線維が収縮し，力が発揮される。筋線維の興奮が収まると，放出されていた Ca^{2+} は筋小胞体にあるカルシウムポンプによって再吸収され，筋は弛緩する[13]（**図 7-2**）。作動筋の筋力発揮の強弱は，筋線維あたりの張力を調整するのではなく，筋力発揮に動員される筋線維数や筋線維タイプ（速筋線維や遅筋線維）を変えることで調節される。

3）骨格筋量の制御

　骨格筋の主成分はタンパク質であるため，骨格筋量はタンパク質代謝によって制御される。身体の様々な臓器は，一度完成したら終わりではなく，常に合成と分解を続けて品質管理などを行っている。

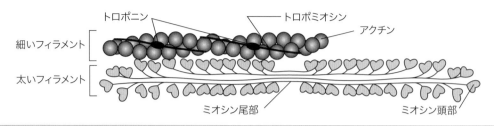

図7-2 筋力発揮の仕組み（文献 13 より引用）

骨格筋も同様に筋タンパク質の合成と分解が常に行われており，トレーニングなどを行うと合成が活性化されて分解を上回ることで新たな筋タンパク質が蓄積し，**筋肥大が誘発される**[4]。逆に活動量の低下や飢餓などにより分解が合成を上回ると，**筋萎縮**を引き起こす。

4）レジスタンストレーニングによる骨格筋の適応

　レジスタンストレーニングとは，骨格筋に抵抗をかける動作を繰り返す運動のことで，日本では筋力トレーニング（筋トレ）と呼ばれることが多い。レジスタンストレーニングを継続的に行うことで，筋力と筋量を向上させることができる。ここでは，そのメカニズムを簡単に解説する。

(1) 筋力向上のメカニズム

　レジスタンストレーニングによって，神経系の適応と筋量が増大することで，筋力が向上する。レジスタンストレーニングを開始した初期段階では筋力が著しく増加するが，これは神経系の適応により筋力発揮の抑制が低減することに由来している（収縮運動に参加する運動単位の増加や，運動ニューロンの発火頻度の増加，運動単位の同期性の向上など）と考えられる。その後，レジスタンストレーニングを続けていくと，神経性要因の貢献度は低下し，既存の筋線維が太くなることによる筋肥大によって，筋力が増大する[10]。

(2) 骨格筋肥大のメカニズム

　前述の通り，骨格筋量は筋タンパク質の合成と分解の出納バランスによって制御されている。レジスタンストレーニングを行うと，この両者が活性化されるが，合成が分解を上回ることで，新たな筋タンパク質が蓄積され，この積み重ねにより筋線維が肥大していく。レジスタンストレーニングによる筋肥大率の程度は，トレーニング後の筋タンパク質合成の活性化の程度が重要になるとされている。このトレーニングによる筋タンパク質合成の活性化は，主にタンパク質合成装置である**リボソーム**における翻訳効率（mRNA 情報からタンパク質を合成する過程）の上昇によるものと考えられている（近年，レジスタンストレーニングにより骨格筋内のリボソーム量が増加することが明らかとなってきたが，筋肥大に及ぼす影響についてはさらなる研究が必要である[5,9]。その分子メカニズムとしては，骨格筋が収縮すると，筋細胞膜上の機械受容器が活性化し，下流のシグナル伝達を介して筋タンパク質合成の主要な制御因子となる **mTOR**（mammalian／mechanistic target of rapamycin）と呼ばれるタンパク質が活性化される[2]。その後，mTOR の下流のシグナル伝達経路を介してリボソームにおけるタンパク質の翻訳速度が上昇し，筋タンパク質合成速度が上昇する（**図7-3**）。この筋タンパク質合成速度の上昇は，レジスタンストレーニングの数時間後から 48 時間後程度まで続く。

（小谷　鷹哉）

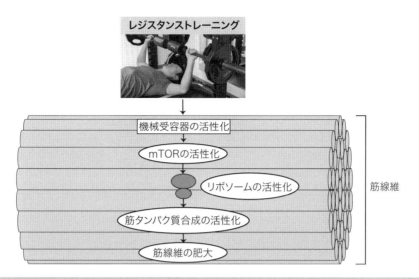

図 7-3　レジスタンストレーニングによる骨格筋肥大のメカニズム

2. 骨格筋とエネルギー代謝

　運動中の骨格筋のエネルギー需要量は，安静時と比較して約 1,000 倍に増大する[1]。エネルギー需要量に見合ったエネルギー（ATP）が供給されない場合，運動を継続することはできない。ここでは，「運動中の骨格筋においてどのようにエネルギーが産生・供給されるのか」について述べる。

1）骨格筋のエネルギー産生機構

　ATP を加水分解し，**ADP**（adenosine diphosphate：アデノシン二リン酸）とリン酸に分解する際に，骨格筋収縮に必要なエネルギーが取り出される。ATP の体内貯蔵量は少ないため，速やかに ATP を再合成することが必要となる。骨格筋では，① **ATP-PCr（クレアチンリン酸）系**，②**解糖系**，③**酸化系（有酸素系）**の 3 つのエネルギー産生系によって，運動時に必要な ATP が再合成・供給される。

(1) ATP-PCr 系

　PCr のリン酸を ADP に結合させ，ATP を再合成する（ADP + PCr → ATP + Cr）。ATP-PCr 系による ATP の再合成は迅速に行われるものの，PCr の体内貯蔵量はきわめて少なく，再合成できる ATP の量は少ない。そこで，後述の解糖系や酸化系による ATP 産生が必要となる。

(2) 解糖系

　解糖系は，糖（**グルコースとグリコーゲン**）を分解し，ATP を供給する機構である。グルコースやグリコーゲンは，体内貯蔵量は少ないが，利用しやすいエネルギー源である。そこで，エネルギー需要の高い運動開始直後や高い強度での運動時に解糖系が利用される割合が高まる。解糖系とは，グルコースやグリコーゲンを分解し，中間代謝物であるピルビン酸を生成する過程を指す。グルコース 1 分子から実質 2 つの ATP を産生する（2 つの ATP を消費して，4 つの ATP を産生する）。**ピルビン酸**は，ミトコンドリアに入り，酸化的な ATP 産生系でのエネルギー源として利用される。解糖系によるピルビン酸を産生する速度と比較して，ピルビン酸がミトコンドリアに入り処理される速度は

遅い。そのため，ピルビン酸が溢れることになる。ミトコンドリアに入ることができなかったピルビン酸は，一時的に**乳酸**に変換される。乳酸は改めてピルビン酸に変換され，最終的にミトコンドリアでATPに変換される。すなわち，乳酸が蓄積するということは，ミトコンドリアでのピルビン酸の処理能力以上に，解糖系が活性化したことを反映している。乳酸は，かつては無酸素運動の際に産生されると考えられてきた。しかし，運動中の骨格筋が無酸素状態になることはない。また，乳酸は過去には疲労物質として考えられてきたが，現在ではその説は否定されている。乳酸は，たった1つの化学反応でピルビン酸に変換できることや，血液循環を介して他の骨格筋や臓器に輸送されることから，現在では効率的なエネルギー源であると考えられている[3]。

(3) 酸化系

酸化系は，ミトコンドリアで酸素を利用してATPを産生する機構である。解糖系で産生されたピルビン酸や**中性脂肪**の分解によって生成された**遊離脂肪酸**が，ATPの主たる材料となる。ピルビン酸や遊離脂肪酸は，ミトコンドリアに取り込まれた後，**クエン酸回路**および**電子伝達系**に入る。例えば，グルコースをエネルギー源とした場合，ミトコンドリアでは，グルコース1分子あたり36分子のATPが産生される。

重要なことは，運動中において，これら3つのエネルギー産生機構が協働して動員されていることである。つまり，特定のエネルギー産生機構のみが動員されることはない。すなわち，運動中の骨格筋で酸素が欠乏することはなく，どのような運動であっても酸素を利用したミトコンドリアによるエネルギー供給が行われていることを踏まえれば，すべての運動は有酸素運動であり，無酸素運動は起こりえない。例えば，「究極の無酸素運動」と称されることもある陸上競技の400m競走では，実際には，ミトコンドリアによる酸素を利用したエネルギー供給の貢献が約半分を占める[6]。

2) 持久的トレーニングによる骨格筋の適応

持久的なトレーニングを実施することで，骨格筋にどのような変化が生じるのだろうか。持久的トレーニングによって，骨格筋の筋線維組成の遅筋化，毛細血管密度の上昇，ミトコンドリアの量・機能の向上が観察される[7]。これらの適応によって，酸素をより効率的に骨格筋のミトコンドリアへ運搬し，ミトコンドリアでのエネルギー産生がより効率的に行えるようになる。とりわけ，エネルギー代謝の観点からみれば，持久的トレーニングよるミトコンドリアの適応が重要である。

運動中の主たるエネルギー源は，糖質および脂質である。糖質と脂質は，エネルギーの利用しやすさと体内貯蔵量について相反の関係にある。前述の通り，糖質はエネルギー源として利用しやすい反面，体内貯蔵量は少ない。一方で，脂肪はエネルギーを取り出すまでに手間・時間を要するが，体内貯蔵量は多い。なお，体内の糖質が枯渇すると，脂肪をエネルギー源として利用することができなくなる。よって，運動中の最も重要なエネルギー源は糖質ということになる。「マラソンの35kmの壁」といった言葉を耳にしたことはあるだろうか。これは，マラソンの終盤で，もう少しでゴールであるにもかかわらず，リタイアを余儀なくされることである。これは，グルコースやグリコーゲンの枯渇を象徴するものとして考えられている。つまり，「持久的運動能力を考えること」をいいかえると，「運動中に糖質をどれだけ残すかを考えること」となる。運動中に利用可能な糖質を残すためには，「体内貯蔵量を増加させておくこと」と「運動中の糖質利用量を節約すること」が必要となる。前者は，**グリコーゲンローディング**などの手法が用いられる。この点については，「スポーツと栄養学」の章

を参照されたい。後者は，トレーニングにより，骨格筋のミトコンドリアの量・機能の向上によって達成することができる。骨格筋のミトコンドリアの量・機能が増加すると，エネルギーとして利用するために手間がかかる脂肪を，運動中のエネルギー源としてより効率的に利用することができるようになる。その結果，運動中のグルコースやグリコーゲンの分解が抑制される。このような骨格筋の適応を期待して，持久的トレーニングが行われているわけである。

（田村　優樹）

3. 呼吸器・循環器と運動・トレーニング

　呼吸器と循環器は生命維持に必須の器官であり，連携して全身に酸素を供給し，二酸化炭素を除去する。ここでは，呼吸器と循環器の基礎的な知識と，運動およびトレーニングによる適応を簡単に解説する。

1）呼吸器
（1）呼吸器の働き
　呼吸器とは，代謝に必要な酸素を取り込み，不要な二酸化炭素を排出する器官である。呼吸は，**呼吸筋**と呼ばれる，横隔膜や肋間筋などの肺を動かす筋の収縮と弛緩によって行われる。1 回の呼吸で行われる換気量を **1 回換気量**，1 分あたりの換気量を**分時換気量**と呼ぶ。安静時，成人の 1 回換気量は約 0.5 L 程度で，呼吸回数は平均して 1 分間に 12 回程度である。したがって，安静時は平均 6 L の空気を換気している。この時，成人では毎分約 250 mL の酸素を取り込み，約 200 mL の二酸化炭素が排出されている[15]。

（2）呼吸と運動
　運動を開始すると，活動を始めた筋を中心に多くのエネルギーを必要とするため，酸素の供給が必要となる。強度の高い運動では呼吸回数が 1 分間に 35 〜 45 回に増加し，1 回換気量は 2 L 以上に増加する。これにより分時換気量は安静時の 15 倍の 90 L 以上に増加する。一方，1 回換気量は最大でも肺活量の 60 ％程度で**定常状態**（安定してそれ以上増えない）となるため，強度の高い運動では呼吸回数の増加が換気量に影響する。例えば，持久系アスリートでは呼吸回数が 1 分間に 60 〜 70 回に達し，分時換気量は 160 L まで増加する。

　1 分間に体内に取り込むことができる酸素の指標を**酸素摂取量**と呼ぶ。漸増負荷試験で測定される酸素摂取の最大値は**最大酸素摂取量**（$\dot{V}O_2max$）と呼ばれ，この数値が大きいほど「持久力が優れている」と評価される。最大酸素摂取量は 1 分間に取り込まれた酸素の絶対値（L/分）で算出

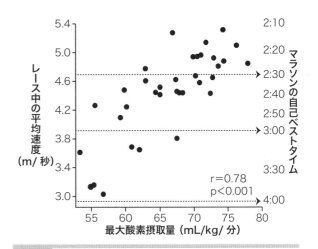

図 7-4　最大酸素摂取量とマラソンレース中の走行速度の相関（文献 14 より引用）

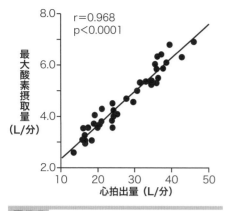

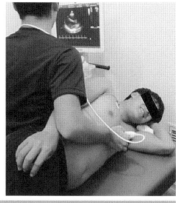

図7-5	心拍出量と最大酸素摂取量の相関 （文献 11 より引用）

図7-6	自転車エルゴメーターによる最大酸素摂取量の測定 （左）と超音波検査による心臓の構造や機能の測定（右）

されるが，個人間で比較するために絶対値を体重で除した相対値（mL/kg/分）が用いられる[13]。

　一般人では男性で 40 mL/kg/分，女性では 33 mL/kg/分程度であるが，マラソン選手のような持久系アスリートでは男性では 80 mL/kg/分を超え，女性でも 80 mL/kg/分に近い値を示し，長距離走の記録と相関する（**図7-4**）。記録系競技だけでなく，球技や格技などにおいても，一定時間高いパフォーマンスを維持するうえで，最大酸素摂取量の把握は重要である。

2）循環器

(1) 循環器の働き

　酸素や二酸化炭素，栄養素，代謝産物は，血液に溶け込んで全身を巡る。この血液を運ぶ心臓と血管を**循環器**と呼ぶ。血液は心臓から伸びた動脈を通り，徐々に枝分かれして各組織の毛細血管で酸素や栄養などの交換を行い，静脈を通って心臓へ戻る（**体循環**）。その後，肺へ送られ，酸素と二酸化炭素を交換した血液は心臓に戻り（**肺循環**），再び全身を巡る。

　心拍数は 1 分間に心臓が収縮する回数である。心臓は安静時に 1 分あたり平均 70 回拍動するが，これは 1 日あたり 100,800 回，1 年で 3,680 万回に相当する。これを手首や首の動脈で確認したものが**脈拍**であり，健康な人では脈拍数と心拍数は等しい。

　血圧は，血管壁に対する圧力を表わしている。心臓が収縮した際の圧力を**収縮期（最高）血圧**，心臓が拡張する際の圧力を**拡張期（最低）血圧**と呼ぶ。収縮期血圧が 140 mmHg 以上，拡張期血圧が 90 mmHg 以上で高血圧と判定される[13]。

(2) 循環と運動

　心拍数は運動強度の増加に伴い直線的に増加する。年齢によっても異なるが，最大で 200 拍/分程度まで増加する。心臓から 1 回に拍出される血液量（**1回拍出量**）も増加し，安静時は 70 mL 程度であるが，最大で 120 mL 程度まで増加する。一方，持久系アスリートの安静時心拍数は 50 拍/分程度であるが，1 回拍出量は 100 mL と著しく多い。これにより，1 分間に拍出される血液量（**心拍出量**）は，一般人と持久系アスリートでほぼ同じ約 5 L である。一方，最大運動時は異なり，一般人では平均して 120 mL × 200 拍/分 = 24,000 mL 程度であるが，世界クラスの持久系アスリートでは 35,000 mL に及ぶ[15]。心拍数の最大値は一般人と変わらないため，これは 1 回拍出量の増加によ

るものである。また，血液に溶ける酸素の量は決まっており，最大心拍出量の増大は最大酸素摂取量の増大を反映する（**図 7-5**）。

　持久的な運動（有酸素運動）中は血管が拡張するため，血圧は運動強度に応じて上昇する。一方，特に高強度のレジスタンス運動（筋力トレーニング）では，筋の収縮により血管が圧迫され血圧は急上昇する。血圧の急上昇は心臓の負担を急増させるため，注意が必要である。

　図 7-6 に自転車エルゴメーターによる最大酸素摂取量と超音波検査による心臓の機能や構造の測定の様子を示した。

（橋本　佑斗）

参考文献

1）Baker JS, McCormick MC, Robergs RA: Interaction among skeletal muscle metabolic energy systems during intense exercise. J Nutr Metab, 905612, 2010.
2）Bodine SC, Stitt TN, Gonzalez M, et al.: Akt/mTOR pathway is a crucial regulator of skeletal muscle hypertrophy and can prevent muscle atrophy *in vivo*. Nat Cell Biol, 3: 1014-1019, 2001. DOI: 10.1038/ncb1101-1014
3）Brooks GA: The science and translation of lactate shuttle theory. Cell Metab, 27: 757-785, 2018.
4）Burd NA, Tang JE, Moore DR, et al.: Exercise training and protein metabolism: influences of contraction, protein intake, and sex-based differences. J Appl Physiol (1985), 106: 1692-1701, 2009.
5）Chaillou T, Kirby TJ, McCarthy JJ: Ribosome biogenesis: emerging evidence for a central role in the regulation of skeletal muscle mass. J Cell Physiol, 229: 1584-1594, 2014. DOI: 10.1002/jcp.24604
6）Duffield R, Dawson B, Goodman C: Energy system contribution to 400-metre and 800-metre track running. J Sports Sci, 23: 299-307, 2005.
7）Egan B, Zierath JR: Exercise metabolism and the molecular regulation of skeletal muscle adaptation. Cell Metab, 17: 162-184, 2013.
8）石井直方：ミオシン分子が力を発生するメカニズムは？　In：大野秀樹，及川恒之，石井直方 編，運動と遺伝，大修館書店，東京，pp.106-107, 2001.
9）Kotani T, Takegaki J, Takagi R, et al.: Consecutive bouts of electrical stimulation-induced contractions alter ribosome biogenesis in rat skeletal muscle. J Appl Physiol,126: 1673-1680, 2019. DOI: 10.1152/japplphysiol.00665.2018
10）Kraemer WJ, Fleck SJ, Evans WJ: Strength and power training: physiological mechanisms of adaptation. Exerc Sport Sci Rev, 24: 363-397, 1996.
11）Lundby C, Montero D, Joyner MJ: Biology of $\dot{V}O_2$max: looking under the physiology lamp. Acta Physiologica, 220: 218-228, 2017
12）内藤久士 , 柳谷登志雄 , 小林裕幸 監訳（Powers SK, Howley ET 著）：パワーズ運動生理学―体力と競技力向上のための理論と応用，メディカルサイエンスインターナショナル，東京，pp.183-186, 2020.
13）中里浩一，岡本孝信，須永美歌子：1 から学ぶスポーツ生理学，第 2 版，ナップ，東京，2016.
14）Sjodin B, Svedenhag J: Applied physiology of marathon running. Sports Med, 2: 83-99, 1985.
15）田中喜代次，大西賀昭，征矢英昭 他監訳（Katch VL, McArdle WD, Katch FI 著）：カラー運動生理学大辞典―健康・スポーツ現場で役立つ理論と応用，西村書店，東京，2017.

8 スポーツとトレーニング

槇野　陽介，小林　靖長，中澤　　翔，苫米地伸泰

1. ストレングス

1) ストレングストレーニング

　スポーツにおける**ストレングス**（strength）とは，「筋の強さ」と理解することができ，概ね筋力のことを指しているといえる。日本では，ストレングスを高めるトレーニングのことを筋力トレーニングと呼ぶことが多く，本章では，**ストレングストレーニング**と筋力トレーニングを同義語として取り扱うものとする。

　ストレングストレーニングは，筋に負荷をかけて行う運動のことをいい，腕立て伏せや腹筋などの体重を負荷として行うものや，トレーニングジムに設置されているバーベルやダンベルなどを使用して行うウエイトトレーニングなどがあり，いずれも筋力を向上させる効果がある。**筋力**とは，筋が伸張と短縮を繰り返すことで生み出される力のことを指す。筋力が大きければ，重いものを持ち挙げたり遠くに跳んだりすることができ，スポーツの場面でみられるボールをより速く投げたり，速く走ったりする能力の原動力になる。このことから，ストレングストレーニングにより筋力を向上させることは，スポーツのパフォーマンスを向上させるための手段として，広く普及するようになった。

2) 筋力が向上するメカニズム

　普段からストレングストレーニングをしていない人が，ある程度の負荷をかけてストレングストレーニングを実施すると，最初の1～2ヵ月の間に使用する重量や反復回数が増加する。普段体験したことのないような負荷を継続的に筋へかけることで，活動していなかった筋が動員され，より多くの筋線維を活動させることができるようになる[1]（**図8-1**）。このことを**神経の適応**と呼ぶ。さらに継続して筋力トレーニングを続けていくと，1つひとつの筋線維が太くなり，筋断面積が増加する。これを**筋肥大**と呼び，筋が増大することでより大きい力を発揮できるようになり，筋力がさらに向上していく。このように神経の適応と筋肥大

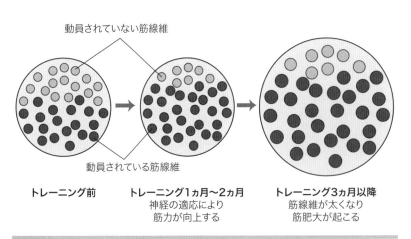

図8-1　筋力向上のメカニズム

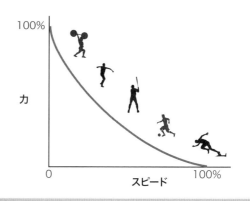

図8-2　競技種目や動作からみたパワー

目的	負荷 (%)	回数 (回)	セット数 (セット)
筋肥大	60〜75	8〜10	3〜5
最大筋力向上	80〜95	1〜5	3〜5

表 8-1　筋肥大と最大筋力向上を目的とした負荷と回数の設定目安

は，筋力の向上に欠かせない要因となっているといえる。

3) 筋力を向上させるための負荷設定

　それでは，一体どれくらいの負荷をかければ筋力は向上していくのだろうか。まず，ストレングストレーニングを始める前に，負荷を定量化するための測定を行う。一般的にはバーベルやダンベルなどのウエイト器具を用いて，1 回だけ挙げられる重量の測定（**1 RM 測定**）を行い，得られた 1 RM の数値をもとに，その何パーセントという形で負荷を決定していく。初心者であれば，1 RM の 60％以上の負荷をかけて 10 回程度反復する運動を 2〜3 セット行えば，トレーニングした部位における筋力の向上が十分に期待できるが，アスリートの場合にはより高い負荷を用いることが多い[14]。また，筋肥大を目的とする場合と最大筋力の向上を目的とする場合では，負荷の設定を変えて行う[3]（**表 8-1**）。体重制限のある階級スポーツや陸上競技の長距離選手などの場合には，筋肥大を目的としたトレーニングよりも，最大筋力向上を目的としたトレーニングを行うことで，筋をあまり大きくせずに筋力を向上させることが可能となる。

4) 筋パワーとスポーツの関連性

　筋力の向上はパフォーマンス向上のために欠かせないものの 1 つであるが，それだけでは不十分である。例外はあるが，ほとんどのスポーツでは，単に大きな力を発揮するだけでなく，より速いスピードで動くことが求められる。このことから，高めた筋力をより速く動かす，いわゆる筋パワーの向上を目的としたトレーニングを導入することが必要となる。**パワー**とは，筋力 × スピードで表わすことができ，高速なパワーもあれば，低速なパワーもある[27]。スポーツの様々な場面で，求められるパワーの発揮形態は異なることから，スポーツの種目が持つ特性をしっかり把握したうえで，そのスポーツにあった筋パワーのトレーニングを選択することが重要となる（**図 8-2**）。

5) 筋肥大と筋力向上を目的としたウエイトトレーニング

　ウエイトトレーニングは，主にバーベルやダンベルを使用するフリーウエイトトレーニングと，ウエイトとケーブルを組み合わせたウエイトスタック式マシンによるトレーニングがある。これらはトレーニングの目的に合わせて選択することが重要となるが，今回は筋肥大と筋力向上を目的として，より多くの筋を動員できる多関節種目のフリーウエイトトレーニングを紹介する（**図 8-3**）。

a. スクワット

使用部位
　大腿四頭筋，大殿筋，脊柱起立筋

動作
　殿部を後方に引き，大腿部が床と平行になるまでしゃがむ。膝はつま先よりやや前に出てもかまわない。

b. デッドリフト

使用部位
　脊柱起立筋，大殿筋，大腿四頭筋

動作
　殿部を後方に引いた姿勢で構え，膝関節と股関節の伸ばしながら立ち上がる。

c. ベントオーバーロウ

使用部位
　広背筋，僧帽筋，菱形筋

動作
　上体を傾けた姿勢を保持したまま，バーベルを下腹部付近に引きつける。

d. ベンチプレス

使用部位
　大胸筋，三角筋前部，上腕三頭筋

動作
　胸を張りながらバーベルを胸の上に下ろし，挙上する時は腰を反らさないに気をつける。

図 8-3 フリーウエイトトレーニング

パワークリーン

使用部位
　全身

動作
　デッドリフトの開始姿勢
から，膝関節，股関節，足
関節を一気に伸展し，バー
ベルを首もとまで引き上
げ，静止する。

図 8-4　クイックリフト

a.　ボックスジャンプ

使用部位
　下半身

動作
　垂直跳びと同じように構
え，膝関節，股関節，足関
節を一気に伸展させ，ボッ
クスの上に着地する。

b.　デプスジャンプ

使用部位
　下半身

動作
　ボックスから跳び降り，
地面に着地した瞬間に，膝
関節，股関節，足関節を一
気に伸展させながら，ジャ
ンプする。

図 8-5　プライオメトリックトレーニング

6）パワー向上を目的としたクイックリフト

　クイックリフトは，通常のフリーウエイトトレーニングとは異なり，全身の筋を用いて高速でウエイトを挙上する，パワー向上を目的したトレーニング種目である。速いスピードでバーベルを挙上しなければならないことから，ある程度のテクニックが必要となるが，習得することができれば，効率よくパワー系のトレーニングを行うことができる（**図 8-4**）。

7) 筋パワーの向上を目的としたプライオメトリックトレーニング

　プライオメトリックトレーニングは，SSC（stretch-shortening cycle：伸張−短縮サイクル）と呼ばれる身体の反射と，筋や腱の弾性エネルギーを用いたトレーニング方法で，筋パワーを向上させるトレーニングとして実施されている[18]。ここでは，下半身の種目のみの紹介となるが，上半身や体幹の回旋を用いた種目もある（**図 8-5**）。

　スポーツとストレングストレーニングの関連性を考えると，取り扱うスポーツの種目の特性を十分に把握したうえで，筋肥大，最大筋力向上，筋パワーの向上を目的としたトレーニングをバランスよく取り入れることが重要になる。特に筋パワーは，ほとんどのスポーツで重要な要素となるが，向上させるには最低限の筋力が必要であり，筋力が不足している状態で筋パワーのトレーニングを行っても，ケガをしたり，思ったような効果を得られなかったりするので，注意しておきたい。

8) ストレングストレーニングの原理原則

　トレーニングを学び実践する時には，必ずトレーニングの原理原則に則らなければならない。これらは基本となるもので，けっして無視できないものである。ストレングストレーニングにおいても同様である。ストレングストレーニングにかかわる書籍やインターネット上の記事には，トレーニングの原理原則に関することが多く記されているが，それぞれ少しずつ異なっているのが現状である。

　例えば，高等学校保健体育の教科書『現代高等保健体育』（大修館，2017）では，「過負荷」を基本原理とし，「意識性」「個別性」「全面性」「反復性」「漸進性」を原則として紹介している[15]。日本スポーツ協会による公認スポーツ指導者養成テキストによると，「過負荷」「特異性」「可逆性」「適時性」を原理として，「全面性」「意識性」「漸進性」「反復性」「個別性」を原則としている[15]。日本トレーニング指導者協会のテキストでは「超回復モデル」「フィットネス−疲労理論」を原理として，「過負荷」「特異性」「個別性」を原則としている[27]。

　どの記載が正解でどれが間違いということはなく，すべて正解である。これらを書いた人の考え方や経験などの違いによるものだろう。しかし，その根本を理解することが重要となってくる。

　何が原理で何が原則にあてはまるかという議論は，ここでは避ける。今後学んでいってもらいたい。ここでは，まずトレーニングの原理原則について多く出現する言葉を簡単に説明し，そこから今後の学ぶべき事項を解説する。

　表 8-2 に，複数の書籍などで使用されているトレーニングの原理原則となる主要な用語を解説した。そもそも根本的にこれらの原理原則は，「ルーの法則」をもとにした考えから細かく分類され，わかりやすくされたものである。「ルーの法則」とは「身体（筋）の機能は適度に使うと発達し，使わなければ萎縮（退化）し，過度に使えば障害を起こす」というものである[15]。根本的なことを理解しておき，少し違う表現や理論に出会った際には，何が違うかを探すのではなく，何が同じかを探すようにしてもらいたい。大学で学ぶたいていのことは，科学的根拠に基づいて述べられているといってよいだろう。その中で，解釈の仕方や表現法により違うことのように述べられていると感じても，同じ所を見つけていくうちに，必ず根本が一緒であることに気づき，それが何より重要であるということを知るだろう。

　これらの原理原則といわれるものがどのような根拠に基づいて述べられているのかを，ストレングストレーニングについての具体例をいくつか挙げて考えてみよう。さらに，そこからどのような知識

表 8-2　トレーニングの原理原則となる主要な用語

用　語	意　味
過負荷	「前回よりも高強度のトレーニングを行う」ということ。より高いストレス，より高いプレッシャーに対して，身体を訓練（強化）していくというもの。日常レベルよりも高い強度でトレーニングを行わなければ，強化はされないということである
可逆性	トレーニングを行って高めた筋力も，トレーニングを止めてしまえば元のレベルに戻ってしまうということ
特異性	ある種の能力は，同類の運動を用いたトレーニングによって効果的に高められる。筋の活動様式，負荷様式，動作様式の違いによりトレーニングされたもののみ強化されるということ
漸進性	筋に対して徐々に大きなストレスを継続的にかけていくこと。常に同じ重さを持ってトレーニングしていては，それ以上強化はされない
全面性	トレーニングを行う際は，一部分だけでなくバランスよくトレーニングをしなければならいということ。例えば，サッカー選手では下半身が中心の動きになるが，姿勢を保ったり体を安定させるため無意識に力を発揮している部分がある。そのため，全体的にトレーニングを行うことが必要なのである
意識性	トレーニングの目的や意義を理解して行う必要があるということ。また，ストレングストレーニングにおいては，どこの筋を使っているかを意識することにより効果が上がるということも含んでいる
個別性	目的・性別・年齢・身体組成・体力などは個人によって異なるため，それに合ったトレーニングを実施するということ
継続性・反復性	どれほど優れたトレーニングでも，数回やっただけでは効果は現れない。反復して継続することで，初めて効果が現れる。負荷を高めながらトレーニングを継続していくことで，効果が高まっていく

（文献 3，15，18，27 をもとに作成）

が必要かを解説する。

　過負荷：ストレングストレーニングにおいては，大きな負荷をかければ筋線維が破壊され，より強く修復されるということであるが，スポーツを学ぶ学生としてはより深く具体的に知らなければならない。「筋の構造がどのようになっているのか」「筋の収縮様式にはどのようなものがあり，どのような特徴があるのか」というような知識がないと，理解はできない。理解するためには，**スポーツ生理学**の知識が必要となる。

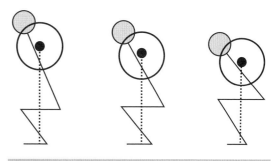

図 8-6　体幹と脚の長さによるスクワットのフォームの違い

　漸進性：負荷を徐々に増やすためには，筋力の向上が 1 つの要因となる。筋力向上には，効率的なトレーニングに加えて栄養も重要となる。では，どのような栄養が必要なのだろうか。栄養補給がしっかりされていない状況で，筋力向上は考えられない。これらについては，**スポーツ栄養学**の知識が必要となる。

　特異性：「この動きはどの筋に対するトレーニングなのか」「この筋はどこからどこに付着しどのような動きをするのか」を理解しなければならない。身体の構造については**機能解剖**の知識が必要となる。

　個別性：100 kg のバーベルを背負ってスクワットをする場合，大腿四頭筋には一定の負荷がかかっているのだろうか。てこの原理により，物体が支点より遠くなれば負荷は変化する。したがって，**図 8-6** のように，脚の長さによりフォームも負荷も変わってくるのである。これらのことについては，**バイオメカニクス**の知識が必要となる。

ストレングストレーニングにおいて，その効果を出すためには，トレーニングの原理原則に則る必要があり，それを理解するためには様々な分野の知識が必要である。また，トレーニング指導をする場面では，原理原則以外のことも出てくる。例えば，フォームを修正するためのフィードバックはどのようなものが効率的かについては，心理学の知識が必要となる。さらに，トレーニング中の声かけには，心理学に加えてコーチング学の知識も必要となってくる。

ストレングストレーニングを学習するうえで必要な知識は多岐に及ぶ。上記は数例を示しただけである。最新の知識を得たければ，英語も必要となってくる。事故が起きるかもしれないので，応急処置も知っておく必要がある。

ストレングストレーニングを学ぶということは，各教科をしっかり学び，統合するということである。そして，スポーツの競技力向上に繋げる大きな役割を担っている。さらにいえば，研究や学問と現場を繋げる役割といってよい。また，ストレングストレーニング指導者になりたい学生は，これらの学習に加えて，ストレングストレーニングを実践してもらいたい。何より，実践して学ぶことが重要となるからである。

（槇野　陽介，小林　靖長）

2. 持久力

1）有酸素性能力とは

持久系アスリートは，有酸素性能力が一般成人と比較して高い。有酸素性能力として代表される以下の3つの能力で，マラソンの競技パフォーマンスの大部分を説明できるといわれている[10]。

（1）最大酸素摂取量

最大酸素摂取量（$\dot{V}O_2max$）とは，酸素運搬能（最大心拍出量）と酸素利用能（動静脈酸素較差）の積で表わすことができ，単位時間あたりに体内に取り込むことができる酸素（$\dot{V}O_2$）の最大値のことをいう。そのため，$\dot{V}O_2max$ が高いと，より多くのエネルギーを産生することができる。クロスカントリースキー選手やマラソン選手は $\dot{V}O_2max$ が一般成人の約2倍になり[29]，試合中にダッシュを繰り返すようなバスケットボール選手も $\dot{V}O_2max$ が高い。$\dot{V}O_2max$ は，定義された測定条件が満たされた場合の最高値を指し，それ以外の条件で測定された $\dot{V}O_2$ の最高値を $\dot{V}O_2peak$ という。

（2）乳酸性閾値

運動強度の増加に対して，血中の乳酸が蓄積し始める点を**乳酸性閾値**（lactate threshold：LT）という。LT 以下の強度では主として遅筋線維が動員されるが，LT 以上の強度では速筋線維が動員されるため乳酸が多く産生される。LT を高めることによって，高い強度でも有酸素系（酸化系）のエネルギー供給系で長時間運動を継続することができる。持久系アスリートのトレーニングは，このLT を基準にして強度を設定しており，トレーニング分析にも活用されている。LT はほぼマラソンの走速度と一致するといわれており，LT とマラソンの走速度との間に関連がある[4]。

（3）運動の経済性

競技レベルの高いアスリートは低いアスリートに比べて，最大下強度の運動において，少ないエネ

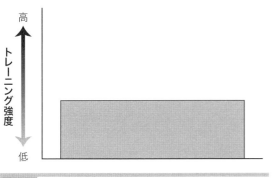

図 8-7　コンティニュアストレーニング

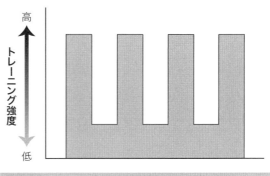

図 8-8　インターバルトレーニング

ルギー消費量（少ない酸素摂取量）で運動することができる。ランニングの場合，**走の経済性**（running economy：RE）といわれる。ケニア人ランナーは，最大酸素摂取量や乳酸性閾値はそれほど高くないが，走の経済性が高く，速い走速度で比較的楽に走行することができる[7]。また，走の経済性は，ストレングストレーニングやプライオメトリックトレーニングにより向上するともいわれている[22]。

2) 持久性トレーニング（エンデュランストレーニング）の種類
(1) コンティニュアストレーニング（図 8-7）

　低〜中程度の運動強度を維持するようなトレーニング法を**コンティニュアストレーニング**という。コンティニュアストレーニングは，他のトレーニング法と比較して運動強度が低いため，長時間トレーニングすることができ，トレーニング量を確保できる。主に，骨格筋における酸素利用能向上により，LT を高める効果がある。長距離走では，ロードやクロスカントリーで実施する LSD（long slow distance），距離走，陸上競技場でタイムを設定し走行するペース走などが挙げられる。コンティニュアストレーニングの運動強度は，LT を基準にすると，LSD（< LT），距離走（≦ LT），ペース走（= LT）である[8]。持久系アスリートのトレーニングは，約 80%が低〜中強度のトレーニングによって構成されている[17]。

(2) インターバルトレーニング（図 8-8）

　インターバルトレーニングは，運動強度に緩急をつけるトレーニングである。インターバルトレーニングの運動強度は，LT を基準にすると，緩走期 < LT < 急走期であり，急走期に LT 以上の強度になる。主に，最大心拍出量の増加（酸素運搬能向上）により $\dot{V}O_2max$ を高める効果がある。インターバルトレーニングは運動強度を重視するため，トレーニング量は必然的に少なくなってしまう。高い運動強度のトレーニングを実施するうえで，長時間持続できない強度でも，休息期間を挟めばより長

インターバルトレーニングの歴史

　1920 年代のオリンピックの陸上競技中長距離種目で通算 9 個の金メダルを獲得したパーヴォ・ヌルミは，運動強度に緩急をつけたトレーニングを取り入れていた。そのトレーニングが派生し，1952 年のヘルシンキオリンピックで，オリンピック史上初めて 5,000 m，10,000 m，マラソンの 3 冠を達成したエミール・ザトペックにより，インターバルトレーニングが完成された。ザトペックは，400 m を 100 本走るといった激しいインターバルトレーニングを行っていた。

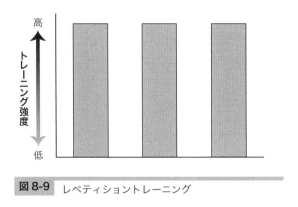

図 8-9　レペティショントレーニング

	表 8-3　RPE の目安	
	RPE の目安	
0	何も感じない	
1	かなり弱い	
2	弱い	
3	中程度	
4	やや強い	
5	強い	
6		
7	かなり強い	
8		
9		
10	最大限	

い時間運動することができる。球技系競技では 100 m × 10 本，長距離走では 1,000 m × 5 本といったように，競技特性やトレーニングの目的などにより，距離や本数，休息時間を計画する必要がある。

(3) レペティショントレーニング（図 8-9）

　レペティショントレーニングは，完全休息を挟んで繰り返すトレーニング法である。このトレーニングは，完全休息時間があるため，インターバルトレーニングよりも高強度の運動を行うことができる。そのため，心理的，身体的負担が大きくなる。また，無酸素性能力を高める手段として用いられる（無酸素性能力については「4）無酸素性能力とは」を参照）。

3) エンデュランストレーニングのモニタリング法

　トレーニング負荷は内部負荷（**主観的運動強度：RPE，心拍数：HR，血中乳酸濃度：La** など）および外部負荷（走行距離，走速度，運動継続時間など）によって決定される。内部負荷と外部負荷の両指標と競技記録の関連については検討されているが [26)]，指導現場で HR や La を測定することは難しく，これらを簡易的に把握できる指標が求められている。

(1) Session RPE

　Session RPE は，RPE（Borg の CR-10，**表 8-3**）に運動時間を乗算（運動時間 × RPE）することで，トレーニング負荷（training load）を推定する指標である。特別な用具を必要とせず，生理学的負荷（HR）も反映し，トレーニング負荷を定量できる簡便な方法である [16)]。また，トレーニング負荷を用いて，1 週間のトレーニング負荷の単調さを示す**単調性**（monotony：1 週間の平均トレーニング負荷 ÷ 1 週間のトレーニング負荷の標準偏差），オーバートレーニングとの関連を認める**緊張度**（strain：1 週間のトレーニング負荷 × 単調性）も算出することができる。Session RPE は，指導者がトレーニング負荷を評価するためのツールとして大変有用である [2)]。

4) 無酸素性能力とは

　ATP（アデノシン三リン酸）はヒトが運動する際のエネルギー源となるが，筋に微量しか存在しない。したがって，運動を継続するには，体内で ATP を絶えず再合成する必要がある。ATP の再合

表8-4　ATP合成系とその特徴			
	ATP–PCr系	**解糖系**	**有酸素系**
合成量	少ない	やや少ない	非常に多い
合成速度	最も速い	速い	遅い

（文献13より一部改変）

成には筋内のクレアチンリン酸の加水分解の過程でATPを再合成する仕組み（**ATP–PCr系**），糖を分解する過程でATPを再合成する仕組み（**解糖系**），酸素を利用してATPを再合成する仕組み（**有酸素系**）の3つの仕組みが存在する（**表8-4**）[13]。**無酸素性能力**とは，ATP–PCr系と解糖系でATPを再合成する能力を指す。

　無酸素性能力を高めるためには，**緩衝能**を向上させる必要がある。高強度の運動を実施すると，血中および筋中に水素イオン（H^+）が蓄積しpHが低下する。この

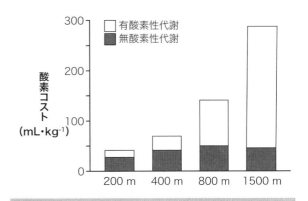

図8-10　陸上競技200〜1,500 mの酸素コストに対する有酸素性代謝と無酸素性代謝の相対的貢献度
（文献21より引用）

pHの低下は，運動中の糖の利用を妨げる[9]。緩衝能とは，血中と筋中のH^+の蓄積に伴うpHの低下の抑制を通じて，身体の恒常性を保つための機能であり，無酸素性能力，特に解糖系からATPをより多く再合成するために不可欠である。

5）無酸素性能力と競技パフォーマンス

　無酸素性能力は，短時間・高強度で行われる瞬発的競技のパフォーマンスに影響を及ぼす。**表8-4**の通り，有酸素系はATPの合成量は多いが合成速度は遅い。一方，ATP-PCr系と解糖系はATPの合成量は少ないものの合成速度が速い。したがって，短時間・高強度で行われる瞬発的競技では，ATPの再合成速度の速いATP-PCr系と解糖系，すなわち無酸素性エネルギー供給の貢献度が高くなる。実際に，陸上競技短距離種目（200 m，400 m）は中距離種目（800 m，1,500 m）と比較して，無酸素性エネルギー供給の相対的貢献度が高いことが明らかとされている（**図8-10**）[21]。

　無酸素性能力は試合中に間欠的にスプリントを繰り返す球技系アスリートのパフォーマンスにも影響を及ぼす。Edgeら[5]は，球技系アスリート（サッカー，ホッケー，バスケットボールなど）は持久系アスリート（自転車競技，トライアスロン，ボート）に比べ，筋緩衝能が高く，間欠的スプリントテストの結果がよいことを明らかにしている。前述の通り，筋緩衝能は無酸素性能力にかかわる。ゆえに，無酸素性能力は短時間・高強度で行われる瞬発系競技のみならず，試合中に間欠的にスプリントを繰り返す球技系アスリートが試合終盤で走り負けないためにも重要な能力である。

6）無酸素性能力を高めるためのトレーニング法

　無酸素性能力を高めるためには，**高強度・間欠的トレーニング**（high intensity intermittent training：HIIT）が有効である。Tabataら[24]はHIIT（10秒の休息を挟みながら170%$\dot{V}O_2$maxの強度で行う20秒の運動×7〜8セット）と70%$\dot{V}O_2$maxの強度で60分行う中強度・持続的ト

表8-5　高強度トレーニングの分類		
トレーニング法	**運動強度**	**休息時間**
高強度・間欠的トレーニング（HIIT）	高強度（最大下）	短
スプリントインターバルトレーニング（SIT）	高強度（全力）	長

(文献 19，23 より作成)

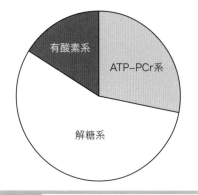

図8-11　ウィンゲートテスト中の相対的な代謝の貢献度（文献 20 より作成）

レーニングを6週間実施させた結果，HIIT を実施した場合のみ，無酸素性能力の指標である最大酸素借が向上したことを報告している。加えて，Edge ら [6] は，HIIT（1分の休息を挟みながら 90 〜 100% $\dot{V}O_2peak$ の強度で行う2分の運動を繰り返すトレーニング）と 60 〜 75% $\dot{V}O_2peak$ で行う中強度・持続的トレーニングを5週間，週3回実施させた結果，中強度・持続的トレーニングと比較して，HIIT で無酸素性能力にかかわる筋緩衝能が有意に向上したことを報告している。これらの知見から，無酸素性能力を向上させるためには，伝統的にトレーニングの現場で実施されている走り込みのような中強度・持続的トレーニングよりも，高強度運動を間欠的に繰り返すトレーニングの方が有効と考えられる。

　高強度で行うトレーニングは，実施方法により**表8-5**の通り区分される。前述の HIIT は，高強度運動を最大下の努力で比較的短い休息時間を挟みながら繰り返すトレーニング法である [23]。したがって，トレーニングの現場で実施する際，ランニングで行う場合はタイム，自転車エルゴメータで行う場合は回転数を規定して実施する。一方，**スプリントインターバルトレーニング（sprint interval training：SIT）** は，10 〜 30 秒の運動を全力で間欠的に繰り返すため，長い休息時間（おおよそ運動時間の5倍以上）を要する [19]。ゆえに，SIT は HIIT と比較して，所要時間が長くなる場合がある。HIIT と SIT どちらの方が無酸素性能力向上に効果的か明らかにされていないため，トレーニングに割ける時間などを考慮して使い分けるべきだろう。

　無酸素性能力の向上には，**高所（低酸素）トレーニング**も有効である。Mizuno ら [12] は，クロスカントリースキー選手を対象に2週間，海抜 2,700 m の高所でトレーニングを実施させた結果，無酸素性能力の指標である最大酸素借と筋緩衝能が向上したことを報告している。加えて，SIT（30秒休息を挟みながら7秒スプリント 10 本 × 2 セット，セット間の休息時間 10 〜 20 分）を常酸素環境（酸素濃度 20.9%）で実施した場合と比べ，低酸素環境（酸素濃度 14.5%, 高所 3,000 m 相当）で実施した場合で，有意に間欠的スプリントパフォーマンスが改善されることも明らかにされている [11]。近年，官民問わず酸素濃度の調整が可能な施設が増えてきており，高所に行かずとも低酸素トレーニングは実施可能である。したがって，高強度で行うトレーニングの効果をより高めるための手段の1つとして，低酸素環境の利用は現実的かつ有効な手段となりつつある。

7）無酸素性能力の測定法

　無酸素性能力の指標として，**最大酸素借**が挙げられる。酸素借は，運動を実施するのに必要な酸素の量（酸素需要量）と実際に摂取された酸素の量（酸素摂取量）の差分から算出される [25]。**表8-4**の通り，有酸素系の ATP の再合成には時間を要するため，運動開始初期や短時間・高強度運動の場合，

酸素借が大きくなり，2分程度で疲労困憊にいたる強度の運動で酸素借は最大になる[25]。しかしながら，最大酸素借の測定には高価な専用の機器が必要になるため，トレーニングの現場で測定するのは現実的に難しいというデメリットがある。

　無酸素性能力をトレーニングの現場で簡易的に測定する方法として，**ウィンゲートテスト**がある。ウィンゲートテストは多くの場合，自転車エルゴメータで体重の7.5％の負荷をかけて30秒間全力で漕ぐ形で実施される。ウィンゲートテスト中の代謝の相対的貢献度はATP-PCr系が28％，解糖系が56％であり，無酸素性代謝の相対的貢献度が高い（**図8-11**）[20]。ゆえに，現場で簡易的に無酸素性能力を測定する際に有用な測定方法と考えられる。

（中澤　翔，苫米地伸泰）

参考文献

1）有賀誠司：筋力トレーニング，ベースボール・マガジン社，東京，2008.
2）Barnes KR: Comparisons of perceived training doses in champion collegiate-level male and female cross-country runners and coaches over the course of a competitive season. Sports Med Open, 3: 38, 2017.
3）Beachle TR: パーソナルトレーナーのための基本的なウェイトトレーニングの原則とプログラムデザインについてのガイドライン．ストレングス＆コンディショニング，13(6): 48-52, 2006.
4）Brooks GA: Anaerobic threshold: review of the concept and directions for future research. Med Sci Sports Exerc, 17: 22-34, 1985.
5）Edge J, Bishop D, Hill-Haas S, et al.: Comparison of muscle buffer capacity and repeated-sprint ability of untrained, endurance-trained and team-sport athletes. Eur J Appl Physiol, 96: 225-234, 2006.
6）Edge J, Bishop D, Goodman C: The effects of training intensity on muscle buffer capacity in females. Eur J Appl Physiol, 96: 97-105, 2006.

持久性トレーニングはストレングストレーニングの効果を阻害する？ column

　多くの競技では，瞬発的能力と持久的能力の双方が求められる。そのため，トレーニングの現場ではストレングストレーニングと持久性トレーニングの双方が実践されることが多い。ストレングストレーニングと持久性トレーニングを組み合わせたトレーニングを，**コンカレントトレーニング**（concurrent training）と呼ぶ。

　持久性トレーニングはストレングストレーニングの筋パワーへの効果を阻害する。Wilsonら[28]は，コンカレントトレーニングはストレングストレーニングのみを実施した場合と比べて，筋パワーへの効果量が有意に低くなることを明らかにしている（図8-12）。一方，コンカレントトレーニングと持久性トレーニングでは，$\dot{V}O_2max$への効果量に統計学的な有意差はない。これらの知見は，持久性トレー

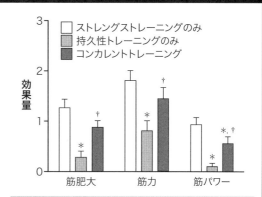

図8-12 コンカレントトレーニングが筋肥大，筋機能に及ぼす効果。*：有意差あり vs ストレングストレーニングのみ，†：有意差あり vs 持久性トレーニングのみ（文献28より改変）

ニングは瞬発的能力に負の影響を及ぼす一方で，ストレングストレーニングは持久性能力に負の影響を及ぼさないことを示唆している。加えて，Wilsonら[28]の研究では，持久性トレーニングの量（1日あたりの時間，1週あたりの頻度）と筋パワーの効果量には負の相関関係があることも示されている。したがって，瞬発的能力と持久性能力の双方を最大限に高めるコンカレントトレーニングを実施するためには，持久性トレーニングの実施方法（強度，時間，頻度など）の工夫が求められる。

7) 榎本靖士：長距離選手のランニングエコノミーに影響を及ぼす体力および技術的要因の検討．筑波大学体育学紀要，36: 137-140, 2013.

8) 平木場浩二：長距離走者の生理科学—生理機能特性とトレーニングの科学的背景．杏林書院，東京，p.113, 2004.

9) Hollidge-Horvat MG, Parolin ML, Wong D, et al.: Effect of induced metabolic acidosis on human skeletal muscle metabolism during exercise. Am J Physiol, 277: 647-658, 1999.

10) Joyner MJ: Modeling: optimal marathon performance on the basis of physiological factors. J Appl Physiol (1985), 70: 683-687, 1991.

11) Kasai N, Mizuno S, Ishimoto S, et al.: Effect of training in hypoxia on repeated sprint performance in female athletes. Springerplus, 4: 310, 2015.

12) Mizuno M, Juel C, Bro-Rasmussen T, et al.: Limb skeletal muscle adaptation in athletes after training at altitude. J Appl Physiol (1985), 68: 496-502, 1990.

13) 中里浩一, 岡本孝信, 須永美歌子：1から学ぶスポーツ生理学．第2版，ナップ，東京，p.20, 2016.

14) 野坂和則，沼澤秀雄 監訳（Joyce D, Lewindon D 編）：ハイパフォーマンスの科学—トップアスリートをめざすトレーニングガイド，ナップ，東京，2016.

15) 齋藤健治：「トレーニングの原理・原則」に関する一考察．名古屋学院大学論集 医学・健康科学・スポーツ科学篇，5: 1-14, 2016.

16) Scott TJ, Black CR, Quinn J, et al.: Validity and reliability of the session-RPE method for quantifying training in Australian football: a comparison of the CR10 and CR100 scales. J Strength Cond Res, 27: 270-276, 2013.

17) Seiler S: What is best practice for training intensity and duration distribution in endurance athletes? Int J Sports Physiol Perform, 5: 276-291, 2010.

18) 篠田邦彦 監（Haff GG, Triplett NT 編）：NSCA決定版ストレングストレーニング&コンディショニング．第4版，ブックハウスHD，東京，2018.

19) Sloth M, Sloth D, Overgaard K, et al.: Effects of sprint interval training on $\dot{V}O_2$max and aerobic exercise performance: a systematic review and meta-analysis. Scand J Med Sci Sports, 23: e341-352, 2013.

20) Smith JC, Hill DW: Contribution of energy systems during a Wingate power test. Br J Sports Med, 25: 196-199, 1991.

21) Spencer MR, Gastin PB: Energy system contribution during 200- to 1500-m running in highly trained athletes. Med Sci Sports Exerc, 33: 157-162, 2001.

22) Spurrs RW, Murphy AJ, Watsford ML: The effect of plyometric training on distance running performance. Eur J Appl Physiol, 89: 1-7, 2003.

23) Tabata I: Tabata training: one of the most energetically effective high-intensity intermittent training methods. J Physiol Sci, 69: 559-572, 2019.

24) Tabata I, Nishimura K, Kouzaki M, et al.: Effects of moderate-intensity endurance and high-intensity intermittent training on anaerobic capacity and $\dot{V}O_2$max. Med Sci Sports Exerc, 28: 1327-1330, 1996.

25) 田畑 泉：タバタ式トレーニング．扶桑社，東京，pp.104-105, 2015.

26) Tjelta LI, Enoksen E: Training characteristics of male junior cross country and track runners on European top level. Int J Sports Sci Coach, 5: 193-203, 2010.

27) トレーニング指導者協会：トレーニング指導者テキスト 実践編，改訂版，大修館書店，東京，2014.

28) Wilson JM, Marin PJ, Rhea MR, et al.: Concurrent training: a meta-analysis examining interference of aerobic and resistance exercises. J Strength Cond Res, 26: 2293-2307, 2012.

29) 山地啓司：最大酸素摂取量の科学．第2版，杏林書院，東京，p.77, 2001.

 # スポーツと栄養学

青木　稜，田村　優樹

1. スポーツ栄養学とは

1) 栄養学とは

　「栄養学」と聞いて，どのような学問を想像するだろうか。栄養学とは「食品に含まれる栄養素について考える学問」と思われるかもしれない。しかし栄養学では，「栄養素がどのように体内で消化・吸収され，身体のエネルギーに変換されるのか」や「栄養素がどのように体内の構成成分に変換されるのか」などについても取り扱う。つまり，栄養学とは，単に「食品に含まれる栄養素」だけを対象とした学問ではなく，広く身体の代謝について学ぶ学問ともいえる。

2) スポーツ栄養学とは

　スポーツ栄養学は，栄養学に属する1つの学問領域である。スポーツ栄養学は，「アスリートの競技力を向上させるための手段を学ぶ学問」と思われるかもしれない。しかし，スポーツ栄養学の対象はアスリートだけではなく，健康の保持・増進のためにスポーツを行う運動愛好家も含まれる。特に最近では，高齢者や生活習慣病患者に対する運動療法や栄養指導は，それぞれ単独で行うことは稀であり，両者を併用した介入が行われる。したがってスポーツ栄養学は，特に超高齢社会のわが国では，今後一層重要な学問領域の1つとして認識されるようになるだろう。

3) スポーツ栄養学を学ぶにあたって

　栄養学やスポーツ栄養学は，独立した学問ではなく，他の学問と密接にかかわっている。栄養学を深く理解するためには，生理学で身体の仕組みを学んでおく必要がある。また，対象とする運動の特性やスポーツ種目の特性についても，知識を得ておかなければならない。したがって，スポーツ栄養学を学ぶ際には，他の学問領域との関連を意識しながら，得た知識を体系的に整理することが重要となる。このような他の学問領域との関係を踏まえた学びは，実際の科学研究においても重要である。一例を挙げると，分子生物学の研究手法を活用して，培養細胞や実験動物を対象とした新規サプリメントの探索実験が行われている。また，ヒトを対象にした研究では，栄養評価研究など，疫学の手法が用いられることもある。このように，様々な分野の研究手法を取り入れることで，スポーツ栄養学の先端科学が切り拓かれている。

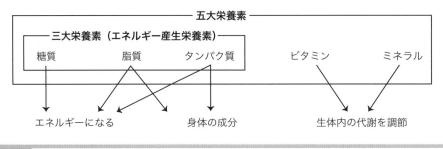

図9-1 栄養素の種類と役割

2. 栄養素の種類

1) 三大栄養素と五大栄養素

　栄養素とは，ヒトが生命活動を維持するために外界から体内へ摂取する物質を指す。栄養素は，糖質，脂質，タンパク質，ビタミン，ミネラルの5つに大別される（**図9-1**）。これらを合わせて，**五大栄養素**と呼ぶ。五大栄養素のうち，糖質，脂質，タンパク質は，体内のエネルギーであるATP（アデノシン三リン酸）に変換することができる。そのため，糖質，脂質，タンパク質は，**エネルギー産生栄養素（三大栄養素）**と呼ばれる。三大栄養素のうち，エネルギー源として特に重要なのは，糖質と脂質である。タンパク質は，エネルギー源として利用されることもあるが，その貢献度は糖質，脂質と比較して小さい。タンパク質は，主に体成分として，骨格筋や臓器などの身体の構成要素の材料として利用される。ビタミンやミネラルは，体内の代謝をスムースに行うための調節因子としての役割をもつ。ビタミンやミネラルは，三大栄養素と比較して，きわめて少ない量で働く栄養素である。

2) 五大栄養素の役割とスポーツ

　ここからは，それぞれの栄養素の特徴・役割を整理し，スポーツを行う人にどのようにかかわるのかについて解説する。

(1) 炭水化物

　炭水化物は，**糖質**と**食物繊維**を合わせた総称である。食物繊維は，ヒトの消化酵素で消化されない食物成分と定義される。最近では，食物繊維は，**腸内細菌**によって分解・発酵され，その際に生じる**短鎖脂肪酸**がヒトの健康の維持に重要であることが解明されつつある。糖質には，**単糖類**［これ以上分解できない糖質，グルコース（ブドウ糖）など］と，**二糖類**（単糖類が2個結合したもの，スクロースなど），**多糖類**（グルコースが多数結合したもの，でんぷんなど）が含まれる。食物から摂取した糖質は，様々な消化酵素によって，最終的にグルコースにまで分解されて，小腸で吸収され最終的に血液中に放出される。血液中に放出されたグルコースの約80％は，骨格筋に取り込まれる。骨格筋に取り込まれたグルコースは，**グリコーゲン**の形で骨格筋の中に貯蔵される。グリコーゲンは，グルコースが多数（約3万個）結合したものである。グルコースをグリコーゲンに変換することで，よりコンパクトな形でエネルギーを貯蔵することができる。

　糖質は1gで約4 kcalに相当する，ヒトにとって最も重要なエネルギー源である。体内には，約2,500 kcal分の糖質が貯蔵されている。後述する脂肪は，約65,000 kcal分の体内貯蔵量がある。つまり，

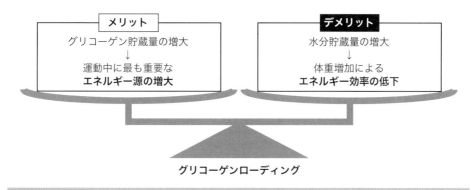

図 9-2　グリコーゲンローディングのメリット，デメリット。グリコーゲンローディングは，運動特性，競技特性を踏まえたうえで，その実施を適切に判断する必要がある。

エネルギー源としての糖質の体内貯蔵量は，脂肪と比較して少ないことがわかる。糖質は，体内貯蔵量は少ないが，利用しやすいエネルギー源であり，運動中においても最も重要なエネルギー源の1つである。そこで，エネルギー需要の高い運動開始直後や高強度運動時に，多くの糖質が利用される。糖質が体内から枯渇すると，脂質もエネルギー源として利用することができなくなる。その結果，運動を継続することが困難になる。そこで，運動中の糖質の利用を抑制すること，そして利用可能な体内の糖質の貯蔵量を高めることが必要となる。

　運動時に利用可能な体内の糖質貯蔵量を高める取り組みとして，「**グリコーゲンローディング**」がある。グリコーゲンの体内貯蔵量を運動により一時的に減少させ，その後高糖質食を摂取する。その結果，グリコーゲンの貯蔵量を飛躍的に高めることができる。現在では，グリコーゲンローディングの手法に改良が重ねられ，実践者の身体的負担が軽くなっている。

　競技会などでは，1日で予選，準決勝，決勝が実施されることも多い。その場合，運動後に次のラウンドに備えて糖質を摂取し，グリコーゲンの貯蔵量を高めることが必要となる。運動後の糖質摂取によるグリコーゲンの再合成は，対象者のトレーニングの状態，摂取のタイミング，摂取の量の影響を受ける。日常的に運動を実施している人は，運動を実施していない人よりも，より多くのグリコーゲンを再合成することができる。これは，日常的な運動を実施することで，血液中から骨格筋の中にグルコースを取り込む輸送体が増加するため，より多くのグルコースを骨格筋の中に取り込むことができるためである[5]。糖質摂取のタイミングは，運動直後が望ましい。これは，グルコースを骨格筋に取り込む輸送体が運動によって活性化し，運動終了とともに徐々に活性が低下するからである。摂取の量については，体重1 kg あたり 1.0 ～ 1.2 g の糖質を摂取することで，グリコーゲンの再合成が最大化される[9]。これ以上の糖質を摂取しても追加の効果は期待できない。例えば，体重 60 kg の人であれば，60 ～ 72 g の糖質摂取が推奨されるが，この量を摂取することは容易ではない（1袋5 g のスティックシュガーであれば，12 ～ 15 本分に相当）。消化吸収に負担がかかり，コンディションを崩す可能性が懸念されることから，別のアプローチも模索されつつある。例えば，体重1 kg あたり 0.4 g のタンパク質を同時に摂取するのであれば，体重1 kg あたり 0.8 g の糖質の摂取であっても，運動後のグリコーゲンの再合成を最大化できることが明らかとなっている[11]。これは，骨格筋のグルコースの取り込みを促進するホルモンである**インスリン**の分泌が，タンパク質の同時摂取によって高まることが，メカニズムの1つとして考えられている。

　一方で，グリコーゲンの貯蔵を高めることが，必ずしも競技パフォーマンスによい影響をもたらさ

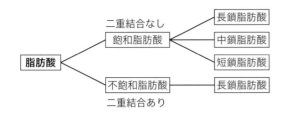

図 9-3 脂肪酸の分類

ないこともある。グリコーゲンの貯蔵に伴って水分貯蔵も増加するからである。したがって、グリコーゲンの貯蔵によるメリットと水分貯蔵の増加による体重上昇のデメリットを理解したうえで、グリコーゲンローディングを実施するか否かを決定する必要がある（図9-2）。これはそれぞれの競技の特性に依存するため、当該競技についての研究・分析を行う必要がある。本章の冒頭で、スポーツ栄養学を学ぶ際には、生理学などで身体の仕組みを学ぶことや、競技特性を理解しておくことの必要性を示した。グリコーゲンローディングの適切な運用の判断は、他分野の学びが必要となる例の1つである。

(2) 脂質

　「脂肪」と聞くと、肥満などの言葉を連想する人も多いのではないだろうか。そのようなイメージや先入観から、脂肪は身体にとって不要なもの、できる限り摂取しないほうがよいものと認識されることがある。確かに、脂肪を過剰に摂取することにより、エネルギーの摂取量が消費量を上回ると、体重増加や肥満の原因となる。しかし、食品で摂取した脂質は、身体のエネルギー源として利用されるほか、細胞膜やホルモンの材料になるといった重要な役割がある。脂肪は、運動中のエネルギー源として利用されるまでに時間や手間を要するが、体内貯蔵量が多いという特徴がある。前述の通り、脂肪をエネルギー源として利用するためには、糖質が必要である。よって、トレーニングによって脂肪をエネルギー源として効率的に利用できるようになれば、結果的に糖質の利用が抑制され、持久的運動能力が向上する。

　食品成分としての脂肪は、**中性脂肪（トリグリセリド）** を指す。中性脂肪は、グリセロールに3つの**脂肪酸**が連なったものである。脂肪酸は、1つの炭素骨格にカルボキシ基（–COOH）とメチル基（–CH_3）をもつ構造をとる。脂肪酸は、どの種類であっても似たような構造をとるが、脂肪酸の炭素の数や二重結合の有無によって、脂肪の特性は大きく異なる。脂肪酸の炭素の数が4個と6個のものを**短鎖脂肪酸**（酪酸など）、8個と10個のものを**中鎖脂肪酸**（カプリル酸など）、12個以上のものを**長鎖脂肪酸**（パルミチン酸など）と呼ぶ。一般的には、炭素数が多い脂肪酸ほど、より多くのATPを産生することができる。長鎖脂肪酸は、消化の際に胆汁が必要であるが、短鎖脂肪酸や中鎖脂肪酸は胆汁がなくても消化することができる。短鎖脂肪酸や中鎖脂肪酸は、長鎖脂肪酸と比較してエネルギー源として利用しやすい特徴がある。脂肪酸の炭素鎖における二重結合の有無で脂肪酸の種類を分類できる（図9-3）。二重結合がある脂肪酸を**不飽和脂肪酸**、二重結合がない脂肪酸を**飽和脂肪酸**と呼ぶ。飽和脂肪酸は牛肉、豚肉、バターなどの動物性食品に多く含まれ、常温で固体である。飽和脂肪酸は、過剰に摂取すると生活習慣病のリスクが高まる[12]。一方で、不飽和脂肪酸はサラダ油やオリーブ油、魚油に多く含まれ、常温で液体である。過剰摂取により、肥満につながるが、動脈硬化などのリスクを高める作用はほとんどないとされている。

（田村　優樹）

(3) タンパク質

　三大栄養素の1つである**タンパク質**は、毛髪、爪、コラーゲン、内臓、筋、酵素、ホルモン、皮

膚などを構成する重要な成分である。さらに，飢餓状態などの極端なエネルギー枯渇状態ではエネルギー源として利用されるため，生命維持に必要不可欠な栄養素である。

タンパク質を構成する成分は 20 種類のアミノ酸であり，**必須アミノ酸**と**非必須アミノ酸**に分類される（**表 9-1**）。非必須アミノ酸は 11 種類あり，体内で合成することができる。一方，必須アミノ酸は 9 種類（バリン，ロイシン，イソロイシン，スレオニン，リシン，メチオニン，フェニルアラニン，ヒスチジン，トリプトファン）あり，体内で合成することができないため食事から摂取する必要がある。

一般人の 1 日あたりのタンパク質摂取推奨量は，体重 1 kg あたり 1 g である[8]。一方，アスリートの 1 日あたりのタンパク質摂取目安量は，筋力系競技のアスリートで体重 1 kg あたり 1.7 ～ 1.8 g，持久系競技のアスリートで体重 1 kg あたり 1.2 ～ 1.4 g が推奨されている[8]。タンパク質を摂取する際は，摂取量以外に 9 種類の必須アミノ酸含有量も考慮して食品を選択することが重要である。必須アミノ酸は，9 種類をバランスよく摂取する必要があり，1 つでも基準量に満たない場合，タンパク質の質は低下し，健康障害を引き起こす可能性がある。栄養学的知識を持ち合わせていないアスリートにとって，バランスよく必須アミノ酸が含まれている食品を選択することは容易ではない。そこで用いられるのが**アミノ酸スコア**である。アミノ酸スコアは，必須アミノ酸が食品にバランスよく含まれているかを評価する指標であり，100 に近いほど良質なタンパク質とされている。例えば，卵，牛乳のアミノ酸スコアは 100 であり，良質なタンパク質である。対照的に精白米のアミノ酸スコアは 65 であり，良質なタンパク質とはいえない。アミノ酸スコアが低い食品を摂取する際は，その他のタンパク質と合わせて摂取し，アミノ酸スコアを高める必要がある。タンパク質は，筋損傷の修復と骨格筋量の増加を促進することが示されており，アスリートにとって重要な栄養素である[3]。例えば，高カロリー・低タンパク質の食事を 8 週間摂取させた研究では，体重は増加した一方で，骨格筋量は減少したことが報告されている[1]。したがって，身体を大きくしたいアスリートは，食べる「量」だけでなく，「質」にも意識を向ける必要がある。

表 9-1　アミノ酸の種類

必須アミノ酸	非必須アミノ酸
バリン	グリシン
ロイシン	アラニン
イソロイシン	プロリン
スレオニン	セリン
リシン	システイン
メチオニン	アスパラギン酸
フェニルアラニン	グルタミン酸
ヒスチジン	アスパラギン
トリプトファン	グルタミン
	アルギニン
	チロシン

(4) ビタミン

ビタミンは，直接的なエネルギー源ではないが，多くの生化学反応を触媒する必要不可欠な微量の有機化合物であり，ヒトの生命維持に欠かすことのできない栄養素である。しかし，ビタミンは体内でほとんど合成されないため，主に食事から摂取しなければならない。ビタミンは，水に溶解する**水溶性ビタミン**と脂肪に溶解する**脂溶性ビタミン**の 2 つに大別される（**表 9-2**）。

脂溶性ビタミンには，ビタミン A，D，E，K の 4 種類がある。脂溶性ビタミンは排泄されにくいため，過剰に摂取すると健康障害を起こす可能性があり，注意が必要である。

水溶性ビタミンは 9 種類あり，ビタミン B 群とビタミン C で構成される。水溶性ビタミンは体内に貯蔵しておくことができない（過剰摂取した場合には尿として排出される）ため，毎日継続して摂取する必要がある。また，水溶性ビタミンは，エネルギー代謝過程において補酵素として働くため，エネルギーの消耗が激しいアスリートにとって欠かすことのできない栄養素である。

表9-2 ビタミンの生理作用, 欠乏症, 過剰症

	ビタミン (通称名・成分)	生理作用	欠乏症	過剰症	多く含む食品
脂溶性ビタミン	A (レチノール)	網膜における明暗視覚, 核内受容体を介した遺伝子転写調節	夜盲症, 免疫機能の低下	頭痛, 胎児の催奇形性	レバー, うなぎ, 緑黄色野菜
	D (カルシフェロール)	消化管でのカルシウム吸収促進, 骨代謝調節	骨粗鬆症, 骨軟化症 (成人)	組織の石灰化	レバー, しいたけ
	E (トコフェロール)	生体膜の過酸化抑制	溶血性貧血	下痢	植物油, アーモンド, うなぎ
	K (フィロキノン)	血液凝固, 骨形成	血液凝固の遅延, 骨形成不全		納豆, のり, キャベツ
水溶性ビタミン	B$_1$ (チアミン)	TPP として, 酸化的脱炭素反応の補酵素	脚気, 心臓肥大		肉類
	B$_2$ (リボフラビン)	FMN, FAD として酸化還元反応の補酵素	成長障害, 口角炎		レバー, 肉類, 牛乳, 緑黄色野菜
	B$_6$ (ピリドキサール)	ピリドキサールリン酸としてアミノ酸代謝の補酵素	皮膚炎, 口角症		にんにく, 豆腐, レバー
	ナイアシン (ニコチン酸)	NADH, NADPH として酸化還元反応の補酵素	ペラグラ皮膚炎, 神経症	皮膚の紅潮, 頭痛, 下痢	レバー, まぐろ, 落花生
	パントテン酸	CoA としてエネルギー産生, アミノ酸などの構成成分	成長障害, 生殖障害		卵黄, レバー, 豆類
	ビオチン	カルボキシラーゼの補酵素	成長障害, 脱毛		卵黄, レバー, 豆類
	葉酸	THF として拡散塩基生成, メチオニン・グリシン生成の補酵素	胎児の神経管閉鎖, 無脳症	亜鉛の吸収阻害	レバー, ほうれん草, 豆類
	B$_{12}$ (コバラミン)	メチオニン合成酵素などの補酵素	葉酸と同じ		のり, しじみ, 肉類 (植物性食品にはほとんど含まれない)
	C (アスコルビン酸)	抗酸化作用, コラーゲン分子の水酸化, ノルアドレナリンの生成	壊血病, 神経障害		柑橘類, 果汁, 野菜

TPP:チアミンピロリン酸, FMN:フラビンモノヌクレオチド, FAD:フラビンアデニンジヌクレオチド, NADH:NAD (ニコチンアミドアデニンジヌクレオチド) の還元型, NADPH:ニコチンアミドアデニンジヌクレオチドリン酸, CoA:補酵素 A, THF:テトラヒドロフラン
(文献 6 より一部改変)

　表9-2 に示した各ビタミンの生理的作用や各ビタミンが多く含まれる食品を確認し, 食生活の改善に繋げよう。

(5) ミネラル

　ミネラルは体重の約4%を占め, **マクロミネラル (多量元素)** と**ミクロミネラル (微量元素)** に大別される。マクロミネラルは, 7つの主要ミネラル (栄養学的に多く摂取しなくてはならない) で構成され, カルシウム, ナトリウム, マグネシウム, リンなどがこれに分類される。ミクロミネラルは, 14の微量ミネラル (マクロミネラルより摂取量を必要としないミネラル) で構成され, 鉄, 銅, ヨウ素などがこれに分類される。ミネラルの役割は, 主に骨や歯の形成, 酸塩基平衡, ホルモン・酵素の構成成分, 代謝の調整などであり, 身体にとって重要な栄養素である。特に, アスリートにとって重要なミネラルとして, ナトリウムとカルシウムが挙げられる。ナトリウムは持久性能力の向上, カルシウムは骨量の維持による骨粗鬆症予防の効果が期待でき, どちらも競技成績の向上, ケガ予防のために欠かすことのできないミネラルである。ミネラルを多く含む食品には, 牛乳, 醤油, レバーがあり, これらを含んだ食事を摂取することが望ましい。しかし, ミネラルの中でもカルシウムやマグ

ネシウムなどは，過剰摂取による健康障害を引き起こ
す可能性があるため，推奨量を守る必要がある。

3. 競技力の向上に寄与する栄養素

　五大栄養素の役割を理解して適切に栄養素を摂取す
ることは，健康的な生活を送ることはもとより，競技
力の向上にも寄与する。ここでは，より積極的に競技
パフォーマンスを高めようとする栄養素，あるいは栄
養戦略について解説する。

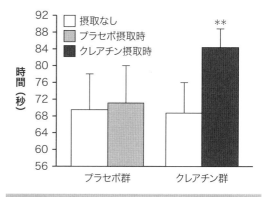

図 9-4　オールアウトエクササイズの持続時間
** : p < 0.01（文献 2 より一部改変）

1）エルゴジェニックエイド

　エルゴジェニックエイドとは，運動能力に影響する可能性のある栄養素や成分である[7]。そのため，
競技力向上を目指すアスリートには，必要不可欠である。しかし，エルゴジェニックエイドは，摂取
量，摂取方法，摂取タイミングなどを誤ると，運動パフォーマンスの低下，健康障害を引き起こす可
能性があるため，注意が必要である。また，エルゴジェニックエイドの中には，アンチ・ドーピング
規定によって禁止されている物質もあるため，アスリートがエルゴジェニックエイドを使用する際に
は，禁止物質に該当しないかを確認する必要がある。また，最近ではエルゴジェニックエイドをうたっ
た商品が多く販売されているが，効果が不確かなものもあるため，エルゴジェニックエイドの効果を
正しく理解し使用する必要がある。ここでは，多くの研究によって効果が実証されているエルゴジェ
ニックエイドを紹介する。

　クレアチンは，エルゴジェニックエイドを代表する栄養素であり，多くのアスリートが好んで愛用
している。クレアチンの補給は，クレアチンとクレアチンリン酸の貯蔵量を増大させ，比較的短時間
の高強度運動パフォーマンスの向上，筋量，除脂肪体重などの増加を促進することが示されている。
エリートボート選手に 5 日間クレアチン（1 日 20 g）を摂取させた結果，体内のクレアチン量は増
加し，高強度運動の持続時間も向上したことが報告されている（**図 9-4**）[2]。さらに，他の研究にお

私たちは 2 時間の壁を超えられるのか—栄養学の貢献　column

　フルマラソンにおいて 2 時間を切ることは，途方もない夢だと思われていた。2016 年，この前人未到
の記録に挑むプロジェクト「Breaking 2」が始動した。このプロジェクトには生理学，心理学，生体力学，
栄養学などの専門家が招聘された。栄養チームの役割は，レース前，レース中の最適なエネルギー補給を
考え，レース中のパフォーマンスを最大限発揮させることであった。具体的な戦略は，レース中に 1 時間
あたり 60 ～ 90 g の糖質を与え続けることであった[10]。これは，従来推奨されていた 30 ～ 60 g より多い。
その目的は糖質の酸化を促進することであり，その結果記録の向上が見込めると判断したためである。他
分野の科学者も，それぞれの専門的知見から Breaking 2 を達成するための戦略を練り，2017 年 5 月 6
日にスタートが切られた。記録は 2 時間 25 秒（非公式ながら当時世界最高記録）。目標を達成すること
はできなかった。しかし，アスリートと科学者の力を最大限発揮することで，私たちの夢である 2 時間切
りまであと 25 秒まで迫った。Breaking 2 は，2019 年 10 月 12 日に再度実施され，1 時間 59 分 40 秒
の記録を打ち立てた。

いて，体内のクレアチン量の増加（1日20 g × 5日）は，6日目以降から1日3〜5 gの摂取を継続することで，約1ヵ月維持されることが示されている[4]。また，持久系競技に効果的なエルゴジェニックエイドも検討されている。例えば，**カフェイン**を摂取した場合，持久的パフォーマンスに有益な効果が得られると報告されている。したがって，アスリートは，自身の競技特性を理解したうえで，それに適したエルゴジェニックエイドを選択する必要がある。そのためには，栄養学を学び正しい知識を身につけることが必要不可欠である。

（青木　　稜）

参考文献

1) Bray GA, Redman LM, et al.: Effect of protein overfeeding on energy expenditure measured in a metabolic chamber. The American Journal of Clinical Nutrition, 101(3): 496-505, 2015.

2) Chwalbiňska-Moneta J: Effect of creatine supplementation on aerobic performance and anaerobic capacity in elite rowers in the course of endurance training. Int J Sport Nutr Exerc Metab, 13: 173-183, 2003.

3) Esmarck E, Andersen JL, Olsen S, et al.: Timing of postexercise protein intake is important for muscle hypertrophy with resistance training in elderly humans. J Physiol, 535: 301-311, 2001.

4) Heaton L, Davis J, Rawson ES, et al.: Selected in-season nutritional strategies to enhance recovery for team sport athletes: a practical overview. Sports Med, 47: 2201-2218, 2017.

5) Hickner RC, Fisher JS, Hansen PA, et al.: Muscle glycogen accumulation after endurance exercise in trained and untrained individuals. J Appl Physiol, 83: 897-903, 1997.

6) 川崎直人，田村悦巨，長岡寛明 他: ビタミン．In: 薬学領域の食品衛生化学，長澤一樹，川崎直人 編，廣川書店，東京，pp.37-63, 2013.

7) 鈴木智弓，赤間高雄，小松　裕 他: サプリメント @JISS，国立スポーツ科学センター，東京，pp.1-7, 2010.

8) 田口素子，樋口　満，木村典代 他: スポーツと栄養．In: 日本体育協会 2013 公認スポーツ指導者養成テキスト 共通科目 I，日本体育協会，東京，pp.100-108, 2010.

9) Thomas DT, Erdman KA, Burke LM: American College of Sports Medicine joint position statement. Nutrition and athletic performance. Med Sci Sports Exerc, 48: 543-568, 2016.

10) 露久保 由美子 訳（アレックス・ハッチンソン 著）: 限界は何が決めるのか？　持久系アスリートのための耐久力（エンデュアランス）の科学，TAC 出版，東京，pp. 108-117, 2019.

11) van Loon LJ, Saris WH, Kruijshoop M, et al.: Maximizing postexercise muscle glycogen synthesis: carbohydrate supplementation and the application of amino acid or protein hydrolysate mixtures. Am J Clin Nutr, 72: 106-111, 2000.

12) Willett WC: Dietary fats and coronary heart disease. J Intern Med, 272: 13-24, 2012.

10 スポーツと心理系

堀　彩夏

1. スポーツと心理

　アスリートにとって，心技体の状態を整えることは重要である。例えば，練習に対するモチベーションが低くやる気が起きない時は，体の動きが悪くなり，技を体得できないといった弊害がもたらされることがある。また，疲労が蓄積すると，技術練習が疎かとなり，自信が持てなくなることもある。さらには，技の精度が低くなると，目標が不明瞭となり，過度な筋力トレーニングに打ち込んでしまう可能性もある。このように，心技体は互いに影響を及ぼし合っており，どれか1つでも欠けてしまうとベストパフォーマンスを発揮できない（**図10-1**）。したがって，アスリートや指導者は，技や体のメカニズムについて学ぶだけでなく，心についても学ぶ必要があるだろう。

　スポーツにおける心理を学ぶ分野として，**スポーツ心理学**がある。スポーツ心理学とは，「スポーツにかかわる諸現象を心理学的に分析する分野」である[26]。スポーツ心理学は，**図10-2**のように心理学とスポーツ科学の2つの側面をもっている。『スポーツ心理学辞典』[14]では，スポーツ心理学は，①スポーツ運動の発達，②スポーツの運動学習，③スポーツの動機づけ，④スポーツの社会心理，⑤競技の実践心理，⑥スポーツメンタルトレーニング，⑦健康スポーツの心理，⑧スポーツ臨床の8つの領域から構成されている。一般的にスポーツ心理学は，「メンタルトレーニング」や「カウンセリング」といった実践的な分野の印象が強い。しかし，European Federation of Sport Psychology（ヨーロッパスポーツ心理学連盟）[3]はスポーツ心理学者の役割として，研究，教育，応用の3つを挙げている。

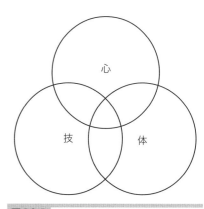

図10-1　心技体の関係

心理学			スポーツ科学	
		健康運動心理学　体育心理学		
教育心理学	社会心理学	**スポーツ心理学** スポーツの動機づけ，スポーツの運動学習 スポーツの社会心理，競技の実践心理 健康スポーツ心理，スポーツ運動の発達 スポーツメンタルトレーニング スポーツ臨床	スポーツ哲学	スポーツ経営学
産業心理学	性格心理学		スポーツバイオメカニクス	スポーツ生理学
認知心理学	法心理学		スポーツ教育学	スポーツ生化学
発達心理学	臨床心理学		スポーツ史	スポーツ人類学
		運動心理学		

図10-2　スポーツ心理学の位置づけ（文献4, 14, 15, 19を参考に作成）

スポーツ場面での心理的調節を理解するための「研究」，スポーツ現場での心理学的なアセスメントや介入などの「応用」，学生やコーチ，トップアスリートなどスポーツにかかわるほぼすべての人に必要なスポーツ心理に関する「教育」である。スポーツを行っていると，「重要な試合ほど，練習した成果を出せないのはなぜ？」とか「緊張した時の対処法はあるの？」といった疑問を感じることがあるだろう。スポーツ心理学は，スポーツを行ううえで疑問に感じた諸現象について心理学的に研究し，スポーツ場面で実践的に活用し，多くの人を教育していく分野である。

図10-2 に示したように，スポーツと心理学を探求する分野やその分野内の領域は多く存在するため，自分自身や周りの人の経験から疑問や課題を見つけ，それらに適した分野や領域を精査して研究を行うことが望ましい。

2. 心理とパフォーマンスの関係

スポーツを行ううえで必要な「心理」とはどのようなものだろうか。筆者がかかわる中で，「メンタルが強くなりたい」と話すアスリートは少なくない。アスリートの語る「メンタル」とはどのような特徴を示し，パフォーマンスにはどのような影響を及ぼすのかについて考える必要がある。

アスリートの心理的な能力を測る心理検査として，心理的競技能力診断検査（Diagnostic Inventory of Psychological-Competitive Ability for Athletes：DIPCA.3）（**表10-1**）や JISS 競技心理検査 （JISS-Psychological Ability Test for Elite Athlete：J-PATEA）（**表10-2**）がある。これらの心理検査の測定項目はアスリートの心理的な能力を測る内容であり，スポーツを行ううえで必要な「心理」であるといえる。この心理的な能力は，アスリートが競技場面で必要な「**心理的スキル**」といわれ，トレーニングできる能力である[27]。アスリートの語る「メンタル」はこの心理的スキルを表わすものであると考えられるが，スポーツを行ううえで必要となる心理的スキルを一括りに「メンタル」と考えるのではなく，より細分化して理解する必要がある。例えば，ある重要な大会に向けて技術練習や筋力トレーニングに励んでいたが，大会当日，思うように実力が発揮できなかったとする。実力が発揮できなかった原因はいくつか存在するが，心理面についても具体的な原因を探り，明らかにしなければならない。「原因はメンタルだ」と一括りにした場合，解決方法が明確にはならない。しかし，心理的スキルを細分化して理解することで，集中力の欠如や自信の低さ，リラックス能力の

表10-1 心理的競技能力診断検査[29]の測定項目

競技意欲	精神の安定・集中	自信	作戦能力	協調性
忍耐力 闘争心 自己実現意欲 勝利意欲	自己コントロール能力 リラックス能力 集中力	自信 決断力	予測力 判断力	協調性

表10-2 JISS 競技心理検査[24]の測定項目

心理的スキル	自己理解	競技専心性
自己コントロール 集中力 イメージ 自信	一貫性 自己分析力 客観性	生活管理 モチベーション 目標設定

低さなどの様々な要因を洗い出し，解決方法を見出すことができる。

　実際には，心理的スキルとパフォーマンスにはどのような関係があるのか。例えば徳永[28]は，集中力を「自分の注意をある課題や対象物（一点）に集め，それを持続する能力」と定義し，集中した動きの例としては，大事なところで好ショットを打てる，イージーミスをしない，相手の動きを読んでいる，などを挙げている。心理的スキルである集中力は，ベストパフォーマンスの発揮にかかわる要因の 1 つといえる。また，心理的スキルはフロー状態と関連している。フロー状態とは，1 つの活動に深く没入し，活動自体を非常に楽しく感じて多くの時間や労力を費やす状態であり[6]，ピークパフォーマンスに関連すると考えられている[31]。このフロー状態には，ゴルフのラウンド前のモチベーションやリラックスの度合いが関係しているといわれている[2]。集中力を高めることで望ましい動きを引き出すことができたり，適度なモチベーションやリラックスによってピークパフォーマンスを引き出すことができたりする。このように，心理とパフォーマンスには深い関係がある。

3. 心と身体

　スポーツ心理学は「スポーツにかかわる諸現象を心理学的に分析する分野」であり，心を探求する学問であるが，心について学ぶだけでは十分とはいえない。成瀬[13]によると，心と身体は一元一体であり，それぞれ独自のシステムを持ちながら，相互に密接に関連している。アスリートは明るく健康的なイメージを周囲から期待され，メンタルヘルスの問題が表面化しにくい傾向があるが，競技生活の負荷により心理面の不調が生じ，抑うつ状態を呈することはまれではない[32]。また，日頃から自己表現の方法として「身体」を用いるアスリートは，心の課題や問題を身体で表現することが多い[10]。したがって，スポーツにかかわる諸現象を心理学的に分析するためには，心と身体の関係について理解する必要がある。

　競技生活の負荷によって心理面の不調が生じる例として，**オーバートレーニング症候群**がある。オーバートレーニング症候群とは，「過剰なトレーニング負荷によって運動能力や競技成績が低下し，短期間の休息では疲労が回復しなくなった状態」[32]であるが，心理面にも影響が生じる。山本[32]によると，オーバートレーニング症候群は，競技パフォーマンスの低下や疲れやすさ，食欲低下，筋力低下などの身体面の症状に加え，興味や喜びの喪失，意欲の低下，注意力・集中力の低下といった心理面の症状も生じる。一方，身体に病が現れる現象を「**身体化**」という。鈴木[22]は，心の問題が身体に転換されて「身体化」した選手の事例を報告している。この身体化は，頭痛や腰痛，動きの悪さなど現れ方は様々である。中込[12]は，心で問題を抱えた時には，それに向き合い，心のレベルで解決しなければ，身体のレベルで表出してしまうと述べている。心のレベルで解決するためには，自身の心の不調や疲労など「いつもと違う自分」に気づき，対処しなければならない。「いつもと違う自分」に気づくには，日頃からモニタリングを心掛けておくことが必要である。また，周囲の人が気づき，声をかけてあげることで，気づきが得られることもある。「いつもと違う自分」に気づいた際には，十分な休養や食事をとり，心身のコンディショニングを心掛けることが重要である。心身のコンディショニングに活用できる心理技法として，**リラクセーション**がある。リラクセーションとは，心と身体のバランスのとれた状態，もしくはその状態に誘導するためのプロセスである[25]。次の項では，リラクセーションの 1 つである「自律訓練法」を紹介する。アスリートには，ぜひ自律訓練法を実践して，心身のコンディショニングに役立ててもらいたい。

4. 心理サポート

1）スポーツメンタルトレーニング

　近年では，トップアスリートが**メンタルトレーニング**を取り入れているという情報を耳にすることも少なくない。スポーツにおけるメンタルトレーニングを「**スポーツメンタルトレーニング**」という。スポーツメンタルトレーニングは，「アスリートをはじめとするスポーツ活動に携わる者が，競技力向上並びに実力発揮のために必要な心理的スキルを習得することを目的とした，スポーツ心理学の理論に基づく体系的で教育的な活動である」[18]。実際に長田[17]は，体操競技の具志堅幸司選手やアーチェリーの山本博選手など，多くのトップアスリートがスポーツメンタルトレーニングを活用していたことを記している。一方，「スポーツメンタルトレーニング」という言葉は知っていても，行ったことがない，あるいは方法がわからないというアスリートも多い。高妻[8]は，大学スポーツは心理面の強化やスポーツメンタルトレーニングの導入が遅れていることを指摘しており，その理由として，心理面が個人の問題として捉えられていることを挙げている。しかし，スポーツメンタルトレーニングは，心の弱いアスリートが行うものではなく，技術練習や筋力トレーニングと同様に，競技力向上や実力発揮のために心をトレーニングするものである。スポーツメンタルトレーニングは，チームの状況や有する課題によってプログラムは異なるが，一般的な流れは，①アセスメント，②リラクセーション技法，③イメージ技法，④メンタルリハーサルである[11]。ここでは，②リラクセーション技法の1つである**自律訓練法**と③イメージ技法の1つである**イメージトレーニング**を紹介する。自律訓練法を行った後にイメージトレーニングを行うと，十分にリラックスした状態でイメージを想起できる。想起する競技場面によっては，イメージトレーニングの前に自律訓練法を取り入れることで，イメージトレーニングの効果を高めることができると考えられている。

(1) 自律訓練法

　前述した通り，心身のコンディショニングに役立てる心理技法として，リラクセーションがある。リラクセーションには，呼吸法や漸進的弛緩法など多くの技法が存在する。中でも，シュルツが考案した自己催眠法である自律訓練法は，多くのアスリートが実践している。自律訓練法は，注意の集中，自己暗示の練習によって全身の緊張を解き，心と身体の状態をうまくコントロールできるようにすることを目指して工夫された，段階的な訓練の方法である[16]。ここでは，アスリートの自律訓練法の第一人者である長田一臣が用いた「暗示を積極的に用いた『自律訓練法』（Osada Autogenic Training：OAT）」の手順を紹介する。

　姿勢：仰臥姿勢になり，両腕は体側につかないようにして手のひらは自然に開き，下（床の方）につける（**図10-3a**）。両足は軽くV字に開く。慣れてきたら，椅子姿勢で行ってもよい（**図10-3b**）。

　注意点：実施する際は，適度な明るさや温度の環境で行い，空腹時は避け，トイレは済ませておく。また，ベルトや腕時計など身につけている付属品は外し，束ねた髪はほどいておく。リラックスできる状態で行い，受動的な態度で臨むことが重要である。初めは，他者からの暗示によって行う方法がある。

　訓練の流れ（**表10-3**）：姿勢を整え，腹式呼吸を行った後，暗示呼吸を行う。暗示呼吸とは，呼吸に暗示を添える呼吸である。「呼吸が楽」という暗示のもと呼吸を行うが，その際，健康によくない

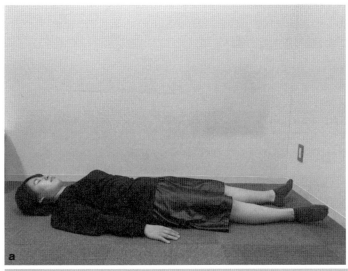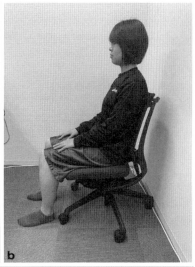

図10-3　自律訓練法の姿勢。**a**：仰臥姿勢，**b**：椅子姿勢

	表 10-3　OAT の流れ
1	**姿勢を整える**
2	**腹式呼吸を 5 回ほど行う**
3	**暗示呼吸を行う** 心の中で「気持ちが落ち着いている，楽に呼吸している 」と繰り返し唱える
4	**重感の訓練** 右腕→左腕→両腕→右足→左足→両足→両腕両足→全身の順番に行う 右手（行う部位）に意識や注意を向け，心の中で「右腕（行う部位）が重たい」と繰り返し唱える
5	**温感の訓練** 右腕→左腕→両腕→右足→左足→両足→両腕両足→全身の順番に行う 右腕（行う部位）に意識や注意を向け，心の中で「右腕（行う部位）が温かい」と繰り返し唱える
6	**消去動作** 意識状態をもとの状態に戻す 手のひらの開閉，腕の曲げ伸ばし，大きく伸びをするなど，徐々に力を強めながら繰り返す

（文献 1，16，23 を参考に作成）

溜め息を体外に放出して，新鮮な空気を吸い込む。

　暗示呼吸を終えたら，次は重感の訓練を行う。右腕に注意を向けて心の中で「右腕が重たい」と繰り返し唱えながら，右腕に感じられる様々な感覚を味わう。右腕を終えたら，同様に左腕，両腕，右足，左足，両足，両腕両足，全身の順序で行う。重感の訓練の後は，温感の訓練も同様の順番で行う。最後に，必ず消去動作を行う。

　消去動作：自律訓練法は，自己催眠を手がかりとして創案されたものであり，催眠中と類似した状態になる。したがって，自律訓練法や OAT を行った後は，必ず消去動作を行う。手や腕を動かしたり，大きく伸びをしたりといった動作を行い，意識をもとの状態に戻す。

　以上が OAT の手順である。初めは安静を保つため，**図 10-3a** のように仰臥姿勢で行い，床の上にマットを敷いたり，畳の上などで行うことが望ましい [16]。仰臥姿勢での OAT に慣れてきたら，練習場や試合会場などの椅子を利用して（**図 10-3b**），競技場面で行うことも可能である。すべての心理技法に共通するが，一度で技法を習得することは難しく，繰り返し行うことが重要である。

表10-4　イメージトレーニングを効果的に行うための PETTLEP モデル

	内容	例
Physical （身体）	実際の運動時の身体の状態でイメージを想起する	ラケットを持った状態でイメージする
Environment （環境）	実際に運動を実行する場所でイメージを想起する	マウンドに立ってイメージする
Task （課題）	実際の運動とイメージの内容は同一にし，自分のスキルレベルに合った課題のイメージを想起する	体得したい技についてイメージする
Timing （時間）	実際の運動時間とイメージ内での運動時間は一致させる	実際のサーブの時間とイメージ内でのサーブの時間が同じ時間となるようにイメージする
Learning （学習）	学習の段階によってイメージする内容を変化させる	フォームを改善した場合，改善したフォームをイメージする
Emotion （情動）	イメージ内の運動にも情動を伴わせる	ペナルティキックで生じる緊張感をイメージする
Perspective （イメージの方向）	イメージを想起する視点（内的・外的）を考慮する 内的イメージ：本人の視点からイメージする方法 外的イメージ：第三者が見ているようにイメージする方法	姿勢のあり方については，外的イメージを用いる

（文献 7 を参考に作成）

表10-5　スポーツメンタルトレーニング指導士の活動内容 [20]

1	**メンタルトレーニングに関する指導・助言** メンタルトレーニングに関する知識の指導・普及，メンタルトレーニングプログラムの作成や実施，メンタルトレーニングに関する動機づけなど
2	**スポーツ技術の練習法についての心理的な指導・助言** 練習・指導法，作戦など
3	**コーチングの心理的な側面についての指導・助言** リーダーシップとグループダイナミクス，スランプへの対処，燃え尽きや傷害の予防と復帰への援助
4	**心理的コンディショニングに関する指導・助言**
5	**競技に直接関係する心理アセスメント** 競技動機，競技不安，心理的競技能力など
6	**選手の現役引退に関する指導・助言**
7	**競技力向上のための心理サポート**

(2) イメージトレーニング

　イメージトレーニングとは，「アスリートに目を閉じてある場面の状況を思い浮かべてもらい，それを内的に体験することで，実際の競技場面において，より望ましい心理状態を準備したり，より高いパフォーマンスを発揮するための心理技法」[30] である。イメージトレーニングを行う際は，イメージの効果を実践場面で効果的に発揮するための要因である PETTLEP モデル [5]（**表10-4**）を取り入れることが望ましい。イメージトレーニングに興味があるアスリートは，ぜひ PETTLEP モデルを取り入れて，より効果的なイメージトレーニングを行ってもらいたい。

　スポーツメンタルトレーニングにかかわる資格としては，**スポーツメンタルトレーニング指導士**（日本スポーツ心理学会）がある。スポーツメンタルトレーニング指導士は，スポーツ心理学の立場から，スポーツ選手や指導者を対象に，競技力向上のための心理的スキルを中心にした指導や相談を行う [20]。具体的な活動内容については**表10-5**に示した。

2）スポーツカウンセリング

　アスリートに対する心理サポートは，スポーツメンタルトレーニングだけではない。アスリートは身体が壊れるか壊れないかのギリギリのところで身体的な探求を行っており[21]，心身ともに限界の状況で日々競技を行っている。そのような状況で競技を行うトップアスリートは，バーンアウト（燃え尽き症候群）やうつ病など，心理的な問題を抱えるリスクが高い。アスリートの心理的な問題を解決するために行うカウンセリングを**スポーツカウンセリング**という。スポーツカウンセリングとは，「言語的および非言語的コミュニケーションを通して，スポーツにかかわる人すべての行動変容を試みる人間関係」であり，解決できない悩みを持ち相談を必要としているアスリートやその家族，アスリートを取り巻く監督・コーチなどに対する心理的援助である[9]。スポーツカウンセリングは，**図 10-2** で示した「スポーツ臨床」にあたり，臨床心理学的な視点が重視されている。スポーツカウンセリングでは，アスリートが自分自身では解決できない心の問題や不適切に表出された心の問題（身体化など），時には自分では気づいていないような心の問題などを対象とする。

　スポーツカウンセリングにかかわる資格には，**認定スポーツカウンセラー**（日本臨床心理身体運動学会）や**公認心理師**（一般財団法人日本心理研修センター），**臨床心理士**（公益財団法人日本臨床心理士資格認定協会）がある。

　国立スポーツ科学センターをはじめ，現在は大学でもアスリートサポートプロジェクトが行われており，心理サポート部門においてはスポーツメンタルトレーニング指導士や認定スポーツカウンセラー，公認心理師，臨床心理士が活躍している。日本体育大学では，**日体大アスリートサポートシステム**（Nittaidai Athlete Support System：**NASS**）において医科学サポートが提供されており，心理サポート部門では，スポーツメンタルトレーニング指導士や公認心理師，臨床心理士が活躍している。

　NASS で実際に提供されている心理サポートとしては，各チームの課題や問題を踏まえたうえで，チームに必要なスポーツメンタルトレーニングに関する基礎知識や心理技法を提供する**心理セミナー**（**図 10-4**），選手の特性や心理的な課題に焦点を当て，個別に心理的な指導・助言を行うスポーツカウンセリング，さらには心拍や脳波，血圧，唾液コルチゾールといった生理指標を測定・分析することで，客観的なデータをもとに自己理解を深める**生理心理学的データ分析・評価**といったものが展開されている。

　NASS では，**図 10-5** の流れで心理サポートを提供している。監督やコーチから「心理サポートをどのように活用すればよいかわからない」という声をよく耳にする。そのため，NASS ではまず，監督やコーチ，アスリートから，チームや個人の問題や課題を聞き（ヒアリング），提供可能な心理サポートについて提案している。心理サポートでは，「どのような特性をもつ選手であるか」や「どのような競技特性であるか」，「チームの雰囲気はどうか」など個別性を重視しており，実際の現場の声を踏まえ，そのチームや選手の特性を考慮した心理サポートを行う必要がある。

図10-4　心理セミナーの様子

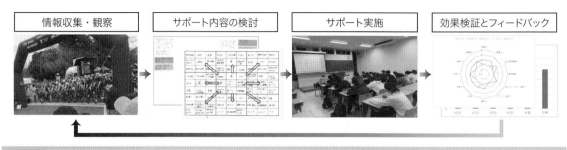

情報収集・観察
サポート内容の検討
サポート実施
効果検証とフィードバック

図 10-5　NASS の心理サポートの流れ

NASS では，アスリートや指導者に対してサポートを提供すると同時に，サポーターの育成も行っている。NASS の心理サポート部門では，スポーツメンタルトレーニング指導士の資格取得に必要な心理サポートの経験を積むことができる。自分の興味関心のある学問について追及し，新たに得た知識を自身の「アスリート」や「コーチ」，「サポーター」としての活動に役立ててもらいたい。

column

NASS の心理サポート

NASS（日体大アスリートサポートシステム）の心理サポート部門では，2019 年度の心理サポートとして，17 クラブに対して 71 回の心理セミナー，33 名の選手に対して 198 回のスポーツカウンセリングを提供している。例えば，A クラブに対する心理サポートでは，重要な試合に向けた準備を目的として，コンディショニングに関する心理セミナーを実施した。心理セミナーでは，試合当日にベストコンディションで臨むための計画を立案させた。計画後は試合までの期間，A クラブが使用しているアプリを利用して，毎日のコンディションを評価させた。試合後，計画と当日の評価を比較できる資料を作成し，各選手にフィードバックした。このように，NASS の心理サポート部門では，競技力向上や人間的な成長を目的として，チームや選手の課題や状況に則した心理サポートを提供している。

Work「コンディショニング計画」（ ）年（ ）

【身体的コンディション】○＿＿＿＿、△＿＿＿＿

100 / 80 / 60 / 40 / 20 / 0

14日前　12日前　10日前　8日前　6日前　4日前　2日前　1日前　初日　2日目

【心理的コンディション】○＿＿＿＿、△＿＿＿＿

100 / 80 / 60 / 40 / 20 / 0

14日前　12日前　10日前　8日前　6日前　4日前　2日前　1日前　初日　2日目

【技術的コンディション】○＿＿＿＿、△＿＿＿＿

100 / 80 / 60 / 40 / 20 / 0

14日前　12日前　10日前　8日前　6日前　4日前　2日前　1日前　初日　2日目

【2週間の意気込み！】

【コンディショニング計画と実際の一致度】※リーグ戦後

■ 身体的コンディション
＿＿＿＿（ ）%　＿＿＿＿（ ）%

■ 技術的コンディション
＿＿＿＿（ ）%　＿＿＿＿（ ）%

■ 心理的コンディション
＿＿＿＿（ ）%　＿＿＿＿（ ）%

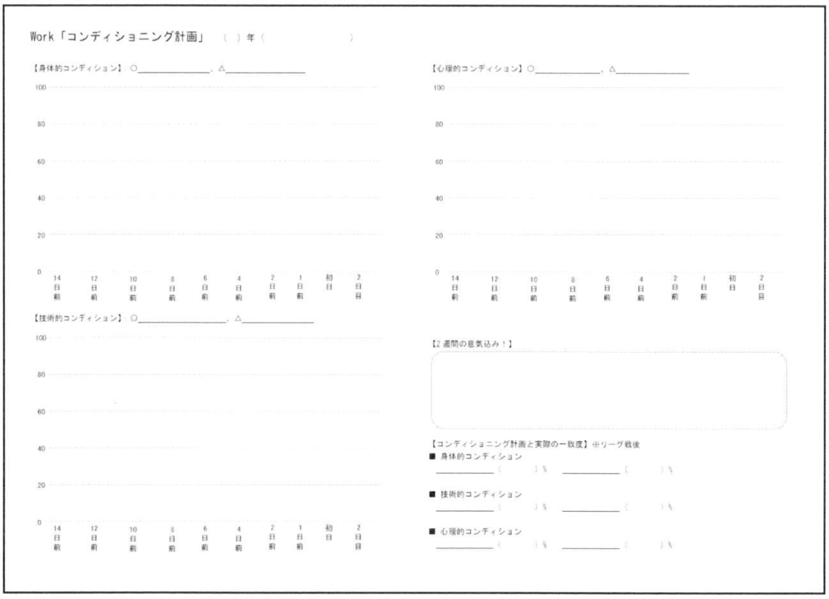

図 10-6　コンディショニング計画シート

参考文献

1) 秋葉茂季：心理臨床技法のスポーツへの応用．In：楠本恭久 編著，はじめて学ぶスポーツ心理学 12 講，福村出版，東京，pp.147-163，2015．

2) Catley D, Duda JL: Antecedents of the frequency and intensity of flow in golfers. Int J Sport Psychol, 28: 309-322, 1997.

3) European Federation of Sport Psychology: Definition of sport psychology, 1995. https://www.fepsac.com/activities/position_statements/ (accessed 2020.11.11)

4) 藤永　保：心理学．In：藤永　保 監，最新 心理学辞典，平凡社，東京，pp.388-392，2013．

5) Holmes PS, Collins, DJ: The PETTLEP approach to motor imagery: a functional equivalence model for sport psychologists. J Appl Sport Psychol, 13, 60–83, 2001.

6) 今村浩明 訳，チクセントミハイ M 著：フロー体験　喜びの現象学，世界思想社，京都，pp.1-29，1996．

7) 小谷泰則：運動イメージ．In：片山順一，鈴木直人 編，生理心理学と精神生理学　第 II 巻　応用，北大路書房，京都，pp.307-315，2017．

8) 高妻容一：令和版　基礎から学ぶ！メンタルトレーニング，ベースボール・マガジン社，東京，pp.136-144，2019．

9) 楠本恭久：スポーツ心理学．In：西野泰広 編著，こころの科学，東洋経済新報社，東京，pp. 224-231，2003．

10) 中込四郎：アスリートにおける「身体」の持つ意味．精神療法，38（5）：600-606，2012．

11) 中込四郎：メンタルトレーニング・プログラム作成の原則．In：日本スポーツ心理学会 編，スポーツメンタルトレーニング教本，三訂版，大修館書店，東京，pp. 35-39，2016．

12) 中込四郎：アスリートがカウンセリングで語る「からだとこころ」．In：中込四郎・鈴木　壮 著，アスリートのこころの悩みと支援―スポーツカウンセリングの実際，誠信書房，東京，pp. 88-104，2017．

13) 成瀬悟策：からだとこころ，誠信書房，東京，2009．

14) 日本スポーツ心理学会：スポーツ心理学辞典，大修館書店，東京，2008．

15) 萩　浩三：スポーツを研究題材とする．In：日本体育大学体育研究所 編，日本体育大学スポーツ研究 A・B，ナップ，東京，pp.1-12，2015．

16) 長田一臣：日本人のメンタル・トレーニング，スキージャーナル，東京，pp.300-333，1995．

17) 長田一臣：勝利へのメンタル・マネジメント―オサダ・マジックの秘密，東京印書館，東京，1996．

18) 関矢寛史：メンタルトレーニングとは．In：日本スポーツ心理学会 編，スポーツメンタルトレーニング教本，三訂版，大修館書店，東京，pp.7-11，2016．

19) 杉原　隆：まえがき．In：杉原　隆，船越正康，工藤孝幾 他編著，スポーツ心理学の世界，福村出版，東京，pp.3-5，2000．

20) 鈴木　壮：スポーツメンタルトレーニング指導士の資格と活動内容．In：日本スポーツ心理学会資格認定員会・日本スポーツメンタルトレーニング指導士会 編，スポーツメンタルトレーニング指導士活用ガイドブック，ベースボール・マガジン社，東京，pp.27-30，2010．

21) 鈴木　壮：アスリートのこころと身体症状―身体が語ること．精神療法，38（5）：607-612，2012．

22) 鈴木　壮：スポーツと心理臨床―アスリートのこころとからだ，創元社，大阪，pp.120-133，2014．

23) 立谷泰久：暗示技法．In：日本スポーツ心理学会 編，スポーツメンタルトレーニング教本，三訂版，大修館書店，東京，pp.114-117，2016．

24) 立谷泰久，村上貴聡，荒井弘和 他：JISS 競技心理検査（J-PATEA），大修館書店，東京，2019．

25) 高井秀明：リラクセーション．In：片山順一，鈴木直人 編，生理心理学と精神生理学　第 II 巻　応用，北大路書房，京都，pp.297-305，2017．

26) 徳永幹雄：スポーツ心理学とはどんな学問か．In：徳永幹雄 編，教養としてのスポーツ心理学，大修館書店，東京，pp.2-7，2005．

27) 徳永幹雄：競技者に必要な心理的スキルとは．In：徳永幹雄 編，教養としてのスポーツ心理学，大修館書店，東京，pp.10-17，2005．

28) 徳永幹雄：集中力はどのようにして高めるか．In：徳永幹雄 編，教養としてのスポーツ心理学，大修館書店，東京，pp.33-40，2005．

29) 徳永幹雄，橋本公雄：心理的競技能力診断検査（DIPCA.3），トーヨーフィジカル，福岡，2000．

30) 土屋裕睦：イメージ技法．In：日本スポーツ心理学会編，スポーツメンタルトレーニング教本，三訂版，大修館書店，東京，pp. 103-107，2016．

31) 和田　尚：スポーツの楽しさ．In：杉原　隆，船越正康，工藤孝幾 他編，スポーツ心理学の世界，福村出版，東京，pp.68-82，2000．

32) 山本宏明：アスリートの抑うつ状態とオーバートレーニング症候群．In：日本スポーツ精神医学会 編，スポーツ精神医学，第 2 版，診断と治療社，東京，pp.12-16，2018．

11 子どもの健康と生活

田中　良

はじめに

　ヒトには，例外なく「子どもの頃」がある。また，その時期の記憶は色濃く残り，生涯を通して何度も思い返されることは，誰もが実感するところだろう。「子どもの頃に戻りたい」という気持ちが，当時の「早く大人になりたい」気持ちの何倍にも強くなっているのは，筆者だけではないはずである。子どもの頃の経験は大人になってからの生活や健康に強く影響し，子どもの頃の習慣は大人にまで持ち越される。子どものうちに多くのことを経験したり健康的な生活習慣を形成したりすることは，人生を豊かに過ごすためにも大切である。経験は「からだ（身体）」を使って，またはからだを通して蓄積される。経験には健康なからだが必要不可欠であるが，子どもの現状はどうなっているのだろうか。本章では，子どものからだの現状を，学校で実施される「**健康診断**」「**新体力テスト**」から把握していく。加えて，健康や体力・運動能力などを取り巻く子どもの生活や運動の現状についても，日本学校保健会が隔年で実施している「児童生徒のサーベイランス」から解説していく。

1. 子どもの健康と体力・運動能力

　毎年，ある時期に決まって「体力・運動能力」が新聞やメディアで取り上げられる。それは，スポーツ庁（2014年までは文部科学省）が前年度の「**体力・運動能力調査**」の結果を公表するスポーツの日（10月の第二月曜日）前後である。その「体力・運動能力調査」の結果をもとに，長年にわたって「子どもの体力が低下している」ことが報道，指摘されてきた[5]。読者の中にも，学校の先生や周りの大人から「最近の子どもは元気がない」といわれながら子ども時代を過ごした記憶がある人がいるかもしれない。現代を生きる子どもの「元気ではない」や「健康ではない」という印象は，一般化してきている。そこで最初に，現代を生きる子どもの「健康」と「体力・運動能力」の実態を把握していくとする。

　日本には，子どもの健康実態を把握するのに最適な資料がある。各学校で毎年実施される健康診断の結果である。実は，学校で健康診断を実施する国は少ない。新体力テストを含め，子どもの健康にかかわる検査や測定を毎年行う日本は，世界では珍しい国である。学校での健康診断では，「身長」「体重」「視力」「歯および口腔の疾病および異常の有無」「耳鼻咽頭疾患の有無」等を測定，検査する。まずは，「身長」「体重」の結果を概観する[6]。身長は，男女ともに戦後の1948年度（昭和23年度）以降，高くなっていく傾向にあったもの，1994年度（平成6年度）から2000年度（平成13年度）あたりにピークを迎え，その後は横ばいになっている（**図11-1**）。体重も，男女ともに1948年度（昭和23年度）以降増加傾向にあった。その後，1998年度（平成10年度）から2006年度（平成18年度）

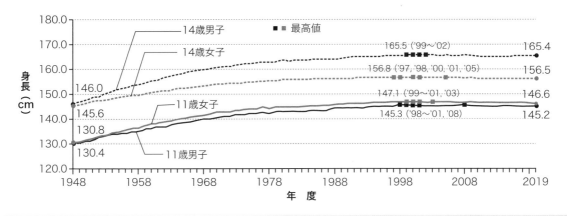

図11-1 11 歳，14 歳における身長の年次推移（文献 6 より一部改変）

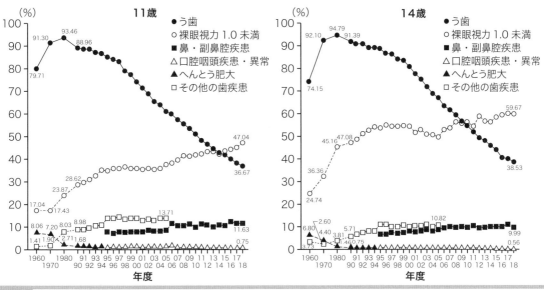

図11-2 11 歳，14 歳における疾病・異常被患率の年次推移。「その他の歯疾患」については，2006 年以降「歯列・咬合」「顎関節」「歯垢の状態」「歯肉の状態」「その他の疾病・異常」に分類された。
（文献 1 より引用）

あたりでピークを迎え，その後は身長と同様に横ばい（若干の減少傾向）になっている。

　続いて，「視力」「歯および口腔の疾病および異常の有無」「耳鼻咽頭疾患の有無」などの結果も概観する[1]（**図 11-2**）。1980 年頃は 90％以上と高い被患率であった「う歯（むし歯）」が目立つものの，その推移は右肩下がりである。対して，「裸眼視力 1.0 未満」の被患率は少しずつ増加している。これには，国民のほぼ全員が所持するようになった「電子メディア」の過剰な利用が影響していると予想されている。「裸眼視力 1.0 未満」の被患率が増加していることに加えて，1.0 に満たない視力の子どもが幼稚園児の約 4 人に 1 人，小学生の約半数，中学生では半数以上と高い割合で存在していることにも注意が必要である。その他，わずかに増加傾向を示しているのは「鼻・副鼻腔疾患〔蓄膿症，アレルギー性鼻炎（花粉症等）等〕」である。2019 年度（令和元年度）の学校保健統計調査では，中学生と高校生の被患率が過去最高となった。このように学校での健康診断からは，裸眼視力 1.0 未満の者が増加していることが近年の子どもの健康課題として挙げられる。

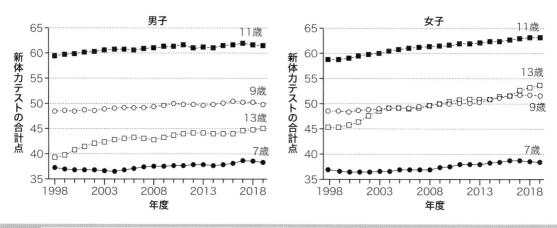

図11-3 7歳，9歳，11歳，13歳における新体力テスト合計点の年次推移（文献9より一部改変）

　次は，例年，年度初めに実施されている体力テスト（体力・運動能力調査）の結果から「体力・運動能力」の実態も確認する。体力テストの測定項目は，国民の体格の変化，スポーツ医学，スポーツ科学の進歩，測定の簡易化等を踏まえて一度見直されている。ここでは，見直されて「新体力テスト」となった1998年度から現在（2019年度）までの結果を概観する[9]。合計点は，いずれの年齢でも右肩上がりで継続的な増加を示している（**図11-3**）。測定項目ごとにみると，「上体起こし」「反復横跳び」「20mシャトルラン」の平均値は増加している。「握力」「ボール投げ」の平均値は減少傾向にあるが，高い年齢ほどその減少傾向は緩やかである。「新体力テスト」へ改訂前の結果と比較すると，「ボール投げ」の平均値は低く，その他の項目に顕著な変化はみられない。どの年代まで遡って比較するかで結果の解釈は異なるものの，少なくとも最近の約20年間の結果は，子どもの体力・運動能力がおおむね向上していることを示している。

　ここまでみてきたように，体格は横ばいで裸眼視力は低下，体力・運動能力はおおむね向上傾向を示しているのが，子どもの「健康」と「体力・運動能力」の現状である。

2. 子どもの生活

　子どもの健康と体力・運動能力には，どのような生活を送っているかが強く影響する。裸眼視力が低下，体力・運動能力はおおむね向上傾向を示している子どもは，どのような生活を送っているのだろうか。「快適で便利すぎる社会」で「生活が夜型化している」等が指摘されている子どもの生活を把握していく。

　最初は，**睡眠**状況について確認する。睡眠には，脳とからだの疲労回復，損傷した細胞や組織の修復，記憶の整理と定着などの役割がある。発達段階にある子どもにとって，睡眠（質，量，リズム）は重要である。日本学校保健会が隔年で実施している「児童生徒のサーベイランス」[3]によると，2018年度（平成30年度）の小中学生の就床時刻は，1981年度（昭和56年度）と比べて男女ともに遅くなっている。また，小学生と比べて，中学生の就床時刻がより遅くなる傾向が強い（小学生：15分程度，中学生：30分程度）（**図11-4**）。起床時刻は，1994年度（平成6年度）と比べて小中学生とも20分程度早くなっているものの，就床時刻と異なり，小学生と中学生に大きな差はない（**図11-5**）。就床時刻は遅くなり，起床時刻は早まっていることもあり，睡眠時間は小学5，6年生では20分

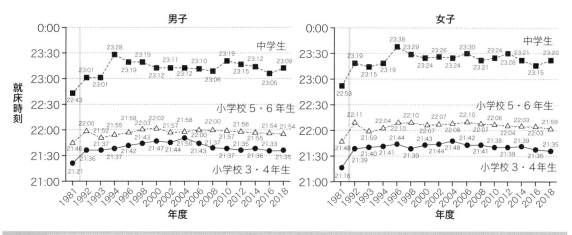

図11-4　小・中学生における就床時刻の年次推移（文献 3 より一部改変）

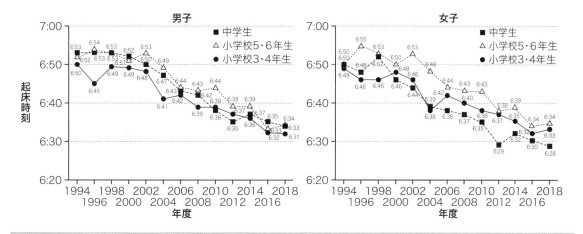

図11-5　小・中学生における起床時刻の年次推移（文献 3 より一部改変）

程度（1981 年度：8 時間 56 分，2018 年度：8 時間 40 分），中学生では 50 分程度短くなっている（1981 年度：8 時間 10 分，2018 年度：7 時間 23 分）。このように子どもの睡眠状況の実態は，好ましいとはいえない。さらに，日本人の睡眠時間の短さは，諸外国と比較しても顕著で[7]，子ども大人を問わない健康課題でもある。

　では，どういった生活行動が就床時刻を遅れさせているのだろうか。これには「電子メディアの利用」が挙げられるだろう。日本では，2008 年（平成 16 年）あたりからスマートフォンが爆発的に普及した。現在では，小学 1，2 年生の子どもの約 30％が，スマートフォンまたはタブレット端末・パソコンを日常的に利用している（**図 11-6**）。それら電子メディアをどのくらい利用したかを示す「**スクリーンタイム**」（この調査では，ゲーム利用時間，インターネット利用時間，テレビ視聴時間を合算している）をみると，小学 5，6 年生では約 4 時間，中学生では約 7 時間である（**図 11-7**）。小学生では 1 日の約 1/6，中学生では約 1/3 の時間をスクリーンに向かって過ごしていることがわかる。パソコンを操作しながらスマートフォンも操作するといった状況も想定されるため，数字の解釈には注意が必要ではあるが，スクリーンタイムが子どもの 1 日の生活に占める割合は大きい。

　現代の子どもは，7 時間 30 分〜 8 時間 30 分程度睡眠し，起きている時間のうち 4 〜 7 時間は電子メディアを利用する。その他の時間は何をして生活を送っているのだろうか。帰宅後，勉強に費

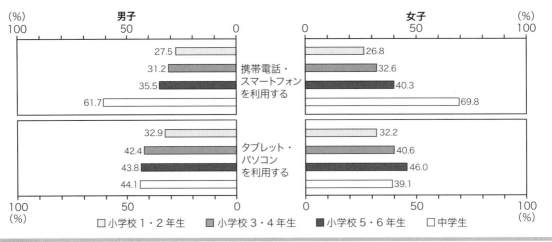

図11-6 小・中学生における携帯電話・スマートフォン，タブレット端末・パソコンの利用率（文献3より一部改変）

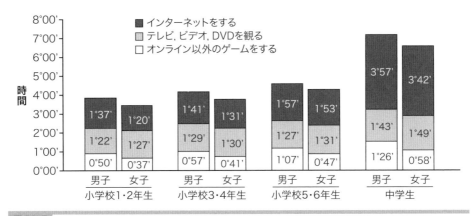

図11-7 小・中学生の1日の「スクリーンタイム」平均値（文献3より一部改変）

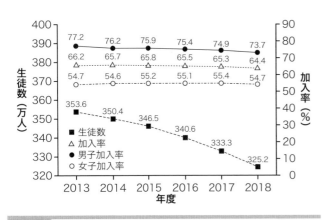

図11-8 中学校の生徒数と運動部活動加入率の年次推移。加入率は参考種目の生徒数を加えて算出。（文献8より引用）

やす時間は，小学生では約1時間，中学生で約1時間40分である[3]。また，学習塾で過ごす時間は小中学生とも1日約50分（1週間に通っている時間を1日分に換算），習い事（スポーツを除く）に費やす時間は小中学生とも1日あたり約20分（1週間に通っている時間を1日分に換算）である[3]。このように，現代の子どもは多忙である。そのことが，2004年度（平成16年度）と比較して，1週間あたりの強度別の運動時間が小中学生とも減少している要因なのかもしれない。他方，運動する

機会となる運動部活動への参加率も減少しているかというと，そうではない。学校基本調査と日本中学校体育連盟によるデータを確認すると，少子化の影響で生徒数こそ減少しているものの，中学生の運動部活動への参加率は横這いである[8]（**図11-8**）。運動する機会がある子どもの割合は変わらない一方で，運動時間は減少しているとの調査結果は，運動する機会がない子どもは日常生活の中で運動

をほとんど行わなくなっていることを示し，運動実施状況が子どもによってかなり異なっている（二極化している）現状も示している。

　以上のように，スクリーンタイムや勉強，学習塾，習い事（スポーツを除く）の時間が 1 日の大半を占める中で，運動部活動で運動も行い，睡眠時間は世界的に短いのが，現代の子どもの生活である。

おわりに

　すべての経験や活動は，からだを使って，または，からだを通して蓄積される。健康であることは，活動し経験を重ねるための前提となる。それは子どもであっても，大人であっても変わらない。学校現場では，健康に関する学習内容を保健授業や保健指導で取り扱うことが多い。保健授業や保健指導の内容を充実させ，子どもたちが楽しく健康について学ぶことは，子どもが将来の担い手である点からも重要である。幸いなことに，9 割近くの子どもは「保健の学習は大切だ」と感じていて「健康」とそれにかかわる学習内容について興味をもっているようである [2]。しかし，「保健の学習が好きだ」と思っている子どもは 5 割程度にとどまっており，保健授業や保健指導が子どもの期待に応えられていないようでもある。学習内容と自分自身のからだを関連づけて学ぶためにも，ここまで見てきたような子どものからだ（健康，体力・運動能力）と生活（睡眠，電子メディア利用，運動等）の現状を踏まえた保健授業や保健指導が学校現場で展開されることが期待される。

　他方，「裸眼視力 1.0 未満者の増加」や「世界的に短い睡眠時間」については，学校現場での授業や指導，子ども自身の努力だけで改善できるものでもない。現代の子どもは，睡眠時間を削って目を使い続けなくてはならない状況にあるのかもしれない。子どもの頃の経験が大人になってからの生活や健康に強く影響することから，子どもは「塾」や「習い事」「スポーツ」に多くの時間を費やし忙しくなった。そんな現代の子どもたちが，今後どのような社会を形成していくかは，現時点では不明である。いずれにしても，子どもの健康や生活習慣は，社会や身の周りの環境から大きな影響を受ける。社会をどのようなものに変えていくか，または，社会に何を残していくかは，個人個人が考え続ける必要がある。からだは，子ども時代に著しく発育・発達し，成熟を迎えた後に老化していく。子どもに優しい環境とはどのようなものかを考えながら社会を構築していくことは，私たち自身が年老いた際の環境や社会をより優しいものにすることにも繋がる。

参考文献
1) 子どものからだと心・連絡会議：子どものからだと心白書 2019，2019．
2) 日本学校保健会：平成 28 年度保健学習推進委員会報告書，第 3 回全国調査の結果．2017．
3) 日本学校保健会：平成 30 年度・令和元年度児童生徒の健康状態サーベイランス事業報告書，2020．
4) Norris E, Steen TV, Direito A, et al.: Physically active lessons in schools and their impact on physical activity, educational, health and cognition outcomes: a systematic review and meta-analysis. Br J Sports Med, 54: 826-838, 2020．doi:10.1136/bjsports-2018-100502
5) 文部科学省：子どもの体力向上のための総合的な方策について（答申），2002．
6) 文部科学省：令和元年度学校保健統計調査報告書，2020.
7) OECD 経済協力開発機構：https://stats.oecd.org/Index.aspx?DataSetCode=TIME_USE（アクセス日 2020 年 11 月 13 日）
8) 笹川スポーツ財団：スポーツ白書 2020―2030 年のスポーツのすがた，2020．
9) スポーツ庁：令和元年度体力・運動能力調査報告書，2020．
10) 田中　良，森田　舞，浅田晴之 他：小学生への立ち机導入が身体活動，疲労自覚症状に及ぼす影響．子ども環境学研究，15: 108-113, 2019.

学校環境を"動的"に変える取り組み

身体活動（physical activity）とは，「安静にしている状態よりも多くのエネルギーを消費するすべての活動」を指す。つまり，ゆっくりしている時以外のすべての活動を指す広い概念である。身体活動は，**運動**（「体力の維持・向上を目的として，計画的・意図的に継続して実施される活動」）と，**生活活動**（「日常生活における労働，家事，通学など，運動以外の活動」）に分類される。運動部活動の加入率が横這いで，運動する機会が現在でもある程度存在することを踏まえると，「運動＋生活活動」で表わされる身体活動量のうち，生活活動としてからだを動かすことが少なくなっていると予想される。学校に通う方法が徒歩での登校（動的な活動）から電車やバスを使った通学（静的な活動）へと変化してきていることは，わかりやすい具体例である。

図11-9 立ち机を導入した普通教室での小学5年生の英語授業

様々な活動が静的活動に変化していく傾向がある一方で，もともと静的であった活動を動的活動に変える試みも存在する。ここでは，学校の普通教室で行われているそのような試みについて紹介したい。

子どもは1日の時間の大半を学校で過ごす。また，学校で過ごす時間の大半を教室で過ごす。さらに，教室で過ごす時間の大半を授業に費やし，授業は座って受けている。つまり，子どもは1日の時間のうち，多くの時間を座って過ごしている。そのような状況を受けて，学校の普通教室環境を動的な環境へと変化させる試みが注目を集めている。例えば，普通教室に据え置かれている机を「**立ち机（スタンディングデスク）**」へと入れ替える試みである。立ち机に入れ替えることで，身体活動量は増える（座って過ごす時間は減少する）。それだけでなく，子どもたちからは「眠くならない」といった声が，担任教諭からは「授業に集中するようにと子どもたちを注意する回数が減った」とのコメントもあったようである[10]（**図11-9**）。

立ち机の導入は，持続可能性に優れる実践としても注目されている。他にも，施設面への介入ではなく，活動的な休憩が組み込まれた授業（授業の途中でストレッチを行うなど）や，学習と身体活動を同時に行う授業（九九をしながらジャンプする，3択クイズに姿勢を変換して回答するなど）を実施することでも，身体活動量が増加したり学業成績が向上したりすると報告されている[4]。「子どもに活動させながら授業を行うことには不安がある」という学校や教諭も多く，理解を得ることが大きな課題となっているものの，活動的な学校環境，活動的な授業が一般化する時は近いかもしれない。

12 スポーツと女性

山田 満月，松田 知華

　男性と女性では，生物学的に異なった特徴を持ち，思春期にこの違いが顕著になる。このような男女の違いを**性差**という。特にアスリートにおいては，女性ホルモンの影響により，様々な身体的な性差が生じる。

　本章では，女性アスリート特有の健康障害や，月経周期がコンディションに与える影響について解説する。

1. 女性の身体的特徴

　女性は，男性と比べて体脂肪量が多く，筋量が少ないなどの身体的な違いがある。しかし，最大の違いは，女性は妊娠および出産ができるということである。女性では，思春期になると妊娠や出産に向けて必要な機能が備わってくる。初経を迎えると，周期的に性ホルモンが変動し，卵巣や子宮内膜に刺激を与え，排卵が起こる。この時に受精すれば妊娠し，しなければ月経が始まる。将来，妊娠や出産を考えている女性にとって，月経を維持することは重要である。しかし，日々激しい練習を行っている女性アスリートでは，月経を止めてしまうことがあるため注意が必要である。

　これらの女性特有の特徴を理解することは，女性アスリートだけではなく，これから女性を対象として指導を行う者にとっても重要である。

2. 女性アスリートの三主徴

　女性アスリートの健康を損なう症状として，①利用可能なエネルギー不足（摂食障害の有無は問

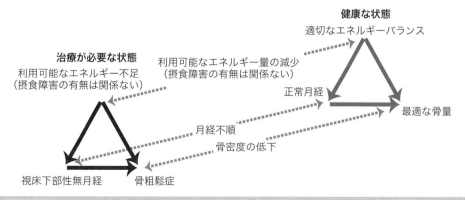

図12-1　女性アスリートの三主徴（文献1より一部改変）

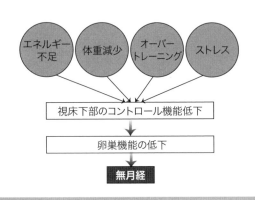

図12-2 エネルギー消費量とエネルギー摂取量の関係。エ
ネルギー消費量がエネルギー摂取量を上回ると，
利用可能なエネルギーが不足する。

図12-3 視床下部性無月経になる仕組み
（文献10より一部改変）

わない），②視床下部性無月経，③骨粗鬆症が挙げられ，これらは**女性アスリートの三主徴**（female athlete triad）と定義されている[1]。この三主徴は，**図12-1**に示したように，それぞれが相互に関連しており，食事や運動量に応じて，健康な状態から治療が必要な状態へと変化する。

1) 利用可能なエネルギー不足

利用可能なエネルギー不足は，運動によるエネルギー消費量に対しエネルギー摂取量が不足している状態を示す（**図12-2**）。この状態が長期間続くことで，体脂肪量が減少し，食欲をコントロールする作用をもつ**レプチン**や**グレリン**の血中濃度が変化する[4]。これにより，視床下部での性腺刺激ホルモンの分泌が低下し，視床下部性無月経を引き起こす。また，長期間の無月経状態により，女性ホルモンである**エストロゲン**が低下し，骨量が減少することで，骨粗鬆症を招く[3]。したがって，利用可能なエネルギー不足を改善することは，視床下部性無月経や骨粗鬆症の予防のために最も重要である。

2) 視床下部性無月経

月経は，脳の一部である視床下部からの指令により生じる。女性ホルモンは卵巣から分泌されるが，視床下部からの命令なしに分泌されない。しかし，利用可能なエネルギー不足，それに伴う体脂肪の減少，過剰なトレーニング，心身のストレスなどにより，視床下部のコントロール機能が低下し，女性ホルモンが分泌されにくくなり，月経が止まる（**図12-3**）[10]。この仕組みによる無月経を**視床下部性無月経**という。

この視床下部性無月経は，女性アスリートに多い無月経である。特に，審美系競技（新体操や体操など），持久系競技（陸上長距離など）の選手では，摂取エネルギーを制限することにより体脂肪が減少するため，視床下部性無月経の割合が高くなっている（**図12-4**）[2]。さらに，女性アスリートの中には「月経が来ない方がいい」という人がいるが，無月経の状態を放置しておくと，将来妊娠や出産ができなくなってしまう可能性がある。したがって，無月経は危険な状態であることを十分に理解しておく必要がある。

3) 骨粗鬆症

骨粗鬆症は，高齢女性に多い疾患として知られているが，女性アスリートにおいても問題となっ

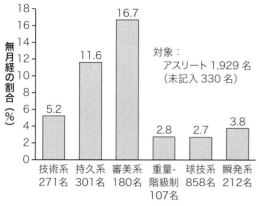

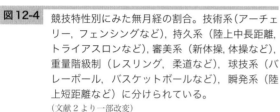

図 12-4　競技特性別にみた無月経の割合。技術系（アーチェリー, フェンシングなど）, 持久系（陸上中長距離, トライアスロンなど）, 審美系（新体操, 体操など）, 重量階級制（レスリング, 柔道など）, 球技系（バレーボール, バスケットボールなど）, 瞬発系（陸上短距離など）に分けられている。
（文献 2 より一部改変）

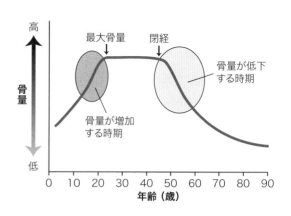

図 12-5　女性の骨量の変化。思春期に増加し, 閉経とともに急激に低下する。
（文献 5 より一部改変）

ている。女性では, 20 歳に最大骨量を獲得し, 閉経を迎えると急激に骨量が低下する（**図 12-5**）[5]。このような骨量の変化には, エストロゲンが大きく関与している。エストロゲンには骨を壊す破骨細胞の働きを抑制する作用があるため, 閉経や無月経により低エストロゲン状態になると, 骨量が低下する[3]。また, 女性アスリートでは**疲労骨折**のリスクが高いことがわかっている。特に, 10 代の女性アスリートでは, 無月経の場合に疲労骨折を発症する割合が高い[12]。さらに, エネルギー摂取量の不足によるカルシウムやビタミン D などの栄養不足が, 低骨量の一因となる。

　以上のことから, 女性アスリートでは, 最大骨量を獲得するまでの間に無理な減量を避け, より高い骨量を手に入れることで, 骨粗鬆症を予防することが可能である。

3. 月経周期について

　月経周期とは, 月経開始日から次の月経の前日までの日数のことである。月経周期は, 複数のホルモンの相互作用によって調節されており, 周期的に各ホルモンの分泌量が大きく変化する。月経周期は主に, 出血がみられる期間を**月経期**（卵胞期前期）, 月経終了から排卵までの期間を**排卵期**（卵胞期後期）, 排卵後から月経が始まるまでの期間を**黄体期**の 3 つに分けることができる。月経周期のどの時期にあるかを確認する方法の 1 つとして, 基礎体温がある。基礎体温は月経周期の時期によって変動し, 月経開始から排卵までが低温期, 排卵から次の月経までが高温期の 2 相性を示す。これは, 黄体期に増加するプロゲステロンが体温上昇作用をもっているためである（**図 12-6**）[8]。

　正常な月経周期は, 25 〜 38 日であり, 24 日以内で月経が発来する場合を**頻発性月経**, 39 日以上の月経周期を**希発性月経**という。また, 正常な月経の持続日数は, 3 〜 7 日であり, 2 日以内の場合は**過短月経**, 8 日以上の場合は**過長月経**とされる[6]。

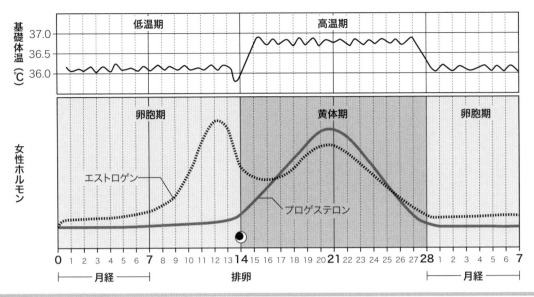

図12-6 月経周期（性ホルモン濃度）と基礎体温の変化。エストロゲンとプロゲステロンは約1ヵ月の周期で大きく変動する。

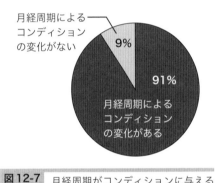

図12-7 月経周期がコンディションに与える影響。オリンピック選手と強化指定選手を対象としたアンケート調査では，90％以上が月経周期に伴うコンディションの変化を感じている。
（文献7より引用）

表12-1　月経困難症の身体的症状と精神的症状	
身体的症状	**精神的症状**
顔やからだがむくむ	イライラする
体重増加	落ち込みやすくなる
乳房が張る	涙もろくなる
頭痛，腰痛	不安になる
首や肩がこる	集中力が低下する
下痢，便秘	憂うつになる
だるい，疲れやすい	自分の感情が抑えられなくなる
ひどく眠い	人に会いたくない

注：排卵期を過ぎてから上記のような症状がいくつか現れ，月経が始まるとなくなる場合には，PMSやPMDDの可能性が考えられる。

4. 月経周期とコンディションの関連性

　月経周期は成人女性特有のものであり，月経周期が正常であれば健康な状態であるといえる。しかし，月経周期に伴い，女性の心やからだの状態，いわゆる「コンディション」が変化することがある。トップアスリートを対象としたアンケート調査では，9割以上の女性が「月経周期によるコンディションの変化を感じる」と回答している（図12-7）[7]。

　月経中にコンディション低下を引き起こす要因として，下腹部や腰部の痛みが挙げられる。日常生活にも影響を及ぼすほど痛みが強い場合には，**月経困難症**が疑われる。月経困難症は，子宮筋腫や子宮内膜症など器質的な疾患に伴って起こる器質性月経困難症，プロスタグランジンの分泌量が過剰で子宮の強い収縮が生じるために起こる機能性月経困難症の2つに分けることができる。

　一方，黄体期のコンディション低下の要因として，**月経前症候群**（premenstrual syndrome：PMS）が挙げられる。月経前症候群は，月経の始まる3〜10日前から起こる精神的，身体的症状で，

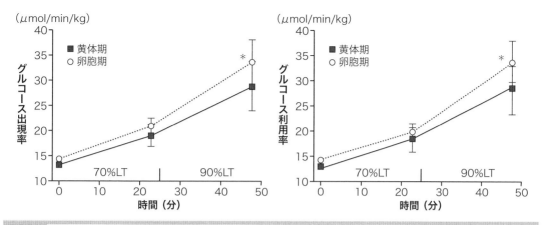

図12-8 運動時における月経周期の代謝の変化。持久性運動時には，卵胞期と比較して黄体期でグルコース代謝回転が低下した。これは脂質利用の亢進とグルコース利用の低下を示す。LT：lactate threshold：乳酸性作業閾値（血中乳酸濃度が急激に上昇し始める運動強度）。

月経開始とともに減退ないし消失するものと定義される。さらに，月経前症候群の症状のうち，特に精神的な症状が悪化して日常生活に支障をきたすような状態を**月経前不快気分障害**（premenstrual dysphoric disorder：PMDD）という。周期的に症状が生じることが特徴であるが，これらの症状の種類や強さは個人差が大きく，個人内変動もある。したがって，まずは月経開始日や基礎体温の記録，どの時期にどのような症状があるかなどをセルフチェックしていくことが重要となる（**表12-1**）。さらに，月経困難症や月経前症候群などに対する治療目的や，試合や練習日程に合わせた月経移動のために，**低用量ピル**を使用するという選択肢もある。しかし，気分が悪くなる，体重が増えるなどの副作用が出る人もいるため，副作用に対応可能である2〜3ヵ月前までには婦人科を受診し，服用を開始しておくことが重要である[6,12]。

5. 月経周期とパフォーマンスの関連性

月経周期に伴うホルモン濃度の変化は，運動パフォーマンスに影響を与えることが知られている。持久性運動時には，卵胞期と比較して黄体期に脂質利用が高まることが報告されている[13]。これは，エストロゲンとプロゲステロンによって脂質分解の作用をもつホルモン感受性リパーゼが活性化されるためと考えられている。したがって，黄体期に脂質利用が亢進し，グリコーゲンの利用を節約できるため，持久性パフォーマンスが向上することが考えられる（**図12-8**）。

月経周期が最大筋力に与える影響は，排卵期に有意に高い値を示すことが報告されている[9]。エストロゲンが筋力発揮に影響を与えていることが考えられるが，男性の研究と比較して女性の研究や月経周期を考慮した研究は少なく，運動強度や時間，エストロゲンとプロゲステロンの比率などの違いから，結果は必ずしも一貫していない。

女性にとって，正常な月経周期を維持し，健康な状態でトレーニングに取り組むことが，競技力向上に役立つ。また，最高のパフォーマンス発揮には様々な要因が関係するが，女性の場合はその一要因として月経周期も含まれることから，月経周期を考慮しながらコンディショニングを行う必要がある。さらに，アスリート自身だけでなく指導者や周りの人も，月経周期に伴うコンディションの変化を観察し理解することが重要となる。

参考文献

1) De Souza MJ, Nattiv A, Joy E et al.: 2014 female athlete triad coalition consensus statement on treatment and return to play of the female athlete triad: 1st international conference held in San Francisco, California, May 2012 and 2nd international conference held in Indianapolis, Indiana, May 2013. Br J Sports Med, 48: 289, 2014.
2) 藤井知行：若年女性のスポーツ障害の解析．日産婦誌，68（4）付録，2016.
3) 岩本　潤：女性アスリートの三主徴—骨粗鬆症．産科と婦人科，82（3）：265-269，2015.
4) Iwamoto J, Sato Y, Takeda T et al.: Analysis of stress fractures in athletes based on our clinical experience. World J Orthop, 2: 7-12, 2011.
5) 骨粗鬆症の予防と治療ガイドライン作成委員会：骨粗鬆症の予防と治療のガイドライン2015年度版，ライフサイエンス出版，東京，pp.44-45，2015.
6) 日本産科婦人科学会：産科婦人科用語集・用語解説集，改訂第4版，日本産科婦人科学会，東京，2018.
7) 能瀬さやか，土肥美智子，難波　聡 他：女性トップアスリートの低用量ピル使用率とこれからの課題．日臨スポーツ医会誌，22：122-127，2014.
8) Oosthuyse T, Bosch AN: The effect of the menstrual cycle on exercise metabolism: Implications for exercise performance in eumenorrhoeic women. Sport Med, 40: 207–227, 2010.
9) Phillips SK, Sanderson AG, Birch K, et al.: Changes in maximal voluntary force of human adductor pollicis muscle during the menstrual cycle. J Physiol, 496: 551-557, 1996.
10) 須永美歌子：女性アスリートの教科書，主婦の友社，東京，pp.70-71，2018.
11) 須永美歌子，亀本佳世子，山田満月：月経周期を考慮したコンディショニングサポートの実際．産科と婦人科，85（4）：421-425，2018.
12) 東京大学医学部附属病院女性診療科・産科：Health Management for Female Athletes Ver.3 −女性アスリートのための月経対策ハンドブック−，2018.
13) Zderic TW, Coggan AR, Ruby BC: Glucose kinetics and substrate oxidation during exercise in the follicular and luteal phases. J Appl Physiol, 90: 447–453, 2001.

column

月経周期の中で主観的コンディションがよい時期・悪い時期

「月経周期によるコンディションの変化を感じますか？」という質問には，本文で紹介したトップアスリートだけでなく，体育系女子大学生を対象としたアンケート調査においても，約8割が「はい」と回答している。さらに，主観的コンディションが最もよい時期は，月経終了直後から数日後までという回答が最も高く，次に月経前であった。しかし，関係がないという回答もみられることから，個人差があることがうかがえる（**図12-9**）[11]。

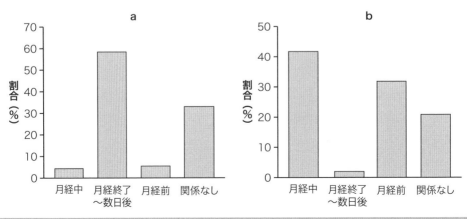

図12-9　体育系女子大学生（1,711名）を対象としたアンケート調査の結果から，主観的コンディションがよい時期（**a**），悪い時期（**b**）。（文献11より引用）

13 スポーツ医学

鴻﨑香里奈

1. スポーツを安全に行うために

　私たちはなぜスポーツを行うのだろうか。スポーツを行う理由は個人によって異なるだろう。例えば、気分転換、健康の維持、生活習慣病予防などを目的としてスポーツを実施する場合もあれば、記録会や競技会などで勝敗を競うことを目的としてスポーツを実施する場合もあるだろう。このようにそれぞれ目的は異なるものの、スポーツを実施することによって身体面、心理面に様々な影響がもたらされることは、他の章で述べられているとおりである。スポーツを適切な方法（負荷、頻度、フォームなど）や適切な環境で実施することができれば、**心肺機能の向上、骨格筋肥大、筋力強化、代謝能力の向上、メンタルヘルスの改善**など、様々な効果を獲得することができる。一方で、負荷が高すぎる、十分な休息がとれないなどといった状態で実施すると、ケガや**オーバートレーニング症候群**など、身体面、心理面に悪影響がもたらされたり、最悪の場合突然死のように命を失うことにもなりかねない。本章では、安全にスポーツを実施するために身につけてほしい、スポーツ医学に関する基礎的な内容を紹介する。

2. スポーツを実施するうえで気をつけるべきこと：内科領域

　ここでは、スポーツ実施時の体内変化や基礎疾患によって生じうる**内科的障害**について触れる。

1）突然死

　スポーツ中に発生する**突然死**は、その発生頻度は高くはないものの、子どもから高齢者までの幅広い世代において、様々な競技種目で起こりうるということを理解しておかなくてはならない。特に若年者の突然死の要因として最もよく知られる基礎疾患は、心臓に関連する疾患である[3]（**表13-1**）。

　肥大型心筋症は、心臓を構成する心筋が病的に肥厚（肥大）した症状であり（**図13-1**）、これが要因となって死にいたるような**不整脈**[注1]を発生しやすい。

　心臓振盪は、ボールが胸に当たったり、身体同士が接触した際に胸部を打ったりして、胸部へ衝撃が加わることで生じる。胸部への衝撃が加わった直後に、死にいたるような不整脈が発生し、突然死が引き起こされる。また、胸部へ加わる衝撃が比較的軽い場合にも生じることが明らかとなっている。

　突然死は、スポーツを実施する前に**心電図検査**によって心疾患の有無を把握することで、未然に防ぐことができる。また、ボールが胸に直接当たらないような動作を習得すること、あるいは胸部を保

注1）**不整脈**：心臓の拍動が乱れた（拍動ごとの間隔が一定でなくなる）状態。日常生活に支障がないようなものから、死にいたるようなものまで、様々な不整脈がある。

表13-1 若年者の突然死に関連する基礎疾患と発生率		
	要　因	発生率（%）
1	肥大型心筋症	26.4
2	心臓振盪	19.9
3	冠動脈奇形*	13.7

*冠動脈奇形：心臓に栄養を送る血管である冠動脈の形態に異常が生じた状態。
（文献4より改変）

表13-2 脳振盪直後に観察される症状
頭痛
立ちくらみ，めまい
吐き気
うつろな眼差し，ボーッとした顔つき
質問に対する返事が遅い
発言内容が支離滅裂である
怒りっぽくなったり，悲しくなる
何度も同じことを尋ねる
周囲のことや人に関して無関心
物が二重にみえる

（文献2より一部改変）

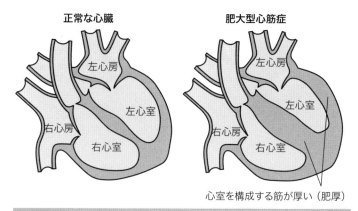

正常な心臓 / 肥大型心筋症

心室を構成する筋が厚い（肥厚）

図13-1 肥大型心筋症。心臓は2つの心房（右心房・左心房）と2つの心室（右心室・左心室）からなる。肥大型心筋症では，心室壁が病的に肥厚し，心臓を拍動させる機能が低下することで，身体に十分な血液が循環しなくなってしまう。

護するようなプロテクターを身につけることで，突然死が起こりやすい状況をつくらないことが重要である。

2）脳振盪

　脳振盪は頭部，頚部（首），顔面や身体に加わった衝撃が頭部へ伝わった際に生じる。脳振盪では，様々な症状が観察される（**表13-2**）。

　脳振盪を短期間のうちに繰り返すと，日常生活に支障をきたすような**後遺症**を生じる。さらに，1回目の脳振盪を起こしてから症状が回復する前に再度脳振盪を起こしてしまうと，脳に**浮腫**など深刻なダメージがもたらされることがある。したがって，脳振盪を予防することは必須であるが，万一起こってしまった場合には，その症状をしっかりと把握し，スポーツを再開するタイミングを見極めることが重要である。また，脳振盪を1回でも起こした場合には，定期的な機能検査や画像検査を行い，症状が認められなくても慎重に経過を観察する必要がある。

3）熱中症

　熱中症は，暑熱環境（夏場などの暑い状態）によって生じる身体の機能障害である。総務省より発表された熱中症傷病者救急搬送件数によると[6)]，その多くは6月～9月の夏季に発生している（冬季にも起きることはある）。スポーツ実施時には，身体を動かすことで体温が上昇するが，発汗することによって体内の熱を放散し，体温調節が行われている。しかし，発汗量が増えたにもかかわらず十分な水分が補給されない場合，体内の塩分が汗とともに喪失し，その結果，熱中症が引き起こされ

表 13-3　熱中症の分類

分　類		症　状
Ⅰ度	熱失神	体内へ多くの血液を循環させるために血管が拡張し，その結果脳への血流が減少して，一時的な失神が起こる
	熱けいれん	塩分の喪失によって筋の円滑な運動が障害され，筋のけいれんが起こる
Ⅱ度	熱疲労	脱水による循環血液量の減少や塩分喪失によって，頭痛，脱力感，倦怠感や血圧低下が起こる。体温は少し上昇する
Ⅲ度	熱射病	脱水により循環血液量の減少や塩分喪失量がより多くなった結果，発汗量が少なくなり，体内の熱を放熱できず，体温が上昇する。より重篤な場合，意識障害や多臓器不全を引き起こし，死にいたる

（文献 1，2 より改変）

暑さ指数WBGT	乾球温度	日常生活活動における指針と注意すべき生活活動の目安		熱中症予防のための運動指針
31℃以上	35℃以上	危険	すべての強度の生活活動で起こる危険性がある	運動は原則中止
28～31℃	31～35℃	厳重警戒		厳重警戒（激しい運動は中止）
25～28℃	28～31℃	警戒	中等度以上の強度の生活活動で起こる危険性がある	警戒（積極的に休憩）
21～25℃	24～28℃	注意	軽い強度の生活活動で起こる危険性がある	注意（積極的に水分補給）
21℃以下	24℃以下			ほぼ安全（適宜水分補給）

図 13-2　熱中症予防指針，暑さ指数と活動の目安。気温と暑さ指数がともに 30℃を超した場合は，運動は原則として中止すべきである。（文献 4 より改変）

る。熱中症は，その重症度によってⅠ度～Ⅲ度に分けられる（**表 13-3**）。

　熱中症は，適切な水分補給や休息，スポーツを行う前に環境条件を把握しておくことで予防できる。例えば，夏場の大変暑い時期にスポーツを行う際には，30 分に 1 回は休憩時間を設け，水分補給の際には水だけでなく 0.1 ～ 0.2%程度の食塩水を飲用したり，スポーツドリンクを飲用すべきである。実施するスポーツの種類や環境によっては，前述した摂取量よりも多めに摂取するなど，柔軟に対応する。

　また，環境条件の把握では，気温だけでなく**湿球黒球温度（WBGT）**を用いた**暑さ指数**が使用されている（**図 13-2**）。気温と暑さ指数がともに 30℃を超した場合は，運動は原則として中止すべきである。

3. スポーツを実施するうえで気をつけるべきこと：整形外科領域

　ヒトが普段身体を動かすことができるのは，運動器が円滑に機能しているためである。運動器とは，

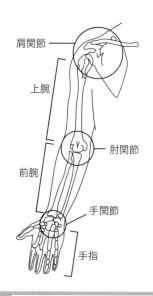

肩関節 ―

上腕

肘関節

前腕

手関節

手指

上肢の模式図。上肢は肩関節，上腕，
肘関節，前腕，手関節，手指によって
構成される。

表 13-4　上肢の主な外傷・障害	
外　傷	障　害
肩関節脱臼	投球障害肩
回旋筋腱板損傷	肩関節不安定症
肘関節脱臼	肘関節靱帯損傷（内側・外側）
突き指	上腕骨上顆炎（内側・外側）
指の脱臼骨折	

主に骨，骨格筋，末梢神経系[注2]の総称である。スポーツ実施時には，運動器の**外傷**や**障害**[注3]がしばしば生じる。ここでは，スポーツ中に生じることが多い運動器の主な外傷や障害について述べる。

1）上肢の外傷と障害（図 13-3，表 13-4）

上肢とは，肩関節，上腕，肘関節，前腕，手関節，手指からなる部位の総称である。

肩関節の主な外傷には，転倒や人との接触により起こる**肩関節脱臼**がある。さらに，初回の肩関節脱臼時に生じる周辺組織の損傷によって，脱臼を繰り返す**反復性脱臼**が引き起こされることがある。特に若年者で，ラグビーやアメリカンフットボールのような激しいぶつかり合いを伴う**コンタクトスポーツ**において発生頻度が高い。また，肩関節の運動を補助する役割を担う**回旋筋腱板**（肩関節周辺の筋や腱が集合している部位）の損傷も発生しやすい。

一方，肩関節の障害として広く知られているのは，**投球障害肩**や**肩関節不安定症**である。これらの症状は，特定の外力が加わっていないにもかかわらず，投球動作の繰り返しによって，疼痛や肩の不安定感を引き起こされる。

肘関節の外傷では，肘を伸ばした状態で転倒したり，大きな外力により急激に肘が伸ばされることなどによって生じる**肘関節脱臼**がある。一方，障害では，**上腕骨内側上顆の炎症**や，肘関節の側面に付着する靱帯の損傷が多く認められる。肘関節障害は，野球の投球動作や，テニスのラケットスイングなど，特定の動作を長期間反復することによって発生する。

手指では，**突き指**が頻繁に発生する。突き指は，通常，適切な処置と数日間の安静によって治癒するが，重症の場合，手指部の腱断裂や骨折が生じることもある。

注2）　神経系は大別して中枢神経系（脳と脊髄）と末梢神経系（脳と脊髄以外の神経）に分類される。末梢神経系は，骨格筋を収縮させ，身体を動かす役割を担う。

注3）　スポーツ医学の分野では，損傷（ケガ）について，**外傷**と**障害**という言葉が使われる。外傷は 1 回の外力により生じる損傷，障害は軽微な外力が繰り返し蓄積した結果生じる損傷を指す。

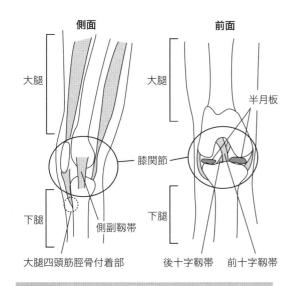

図13-4 大腿，膝関節の模式図。膝関節は前十字靱帯，後十字靱帯，内側・外側側副靱帯によって安定性が保たれている。

表13-5　大腿，膝関節の主な外傷・障害	
外　傷	障　害
大腿部肉離れ	下腿疲労骨折
膝靱帯損傷（前十字靱帯，後十字靱帯，側副靱帯）	オスグッド・シュラッター病
半月板損傷	

2）下肢の外傷と障害

　下肢とは，股関節，大腿，膝関節，下腿，足関節，足趾からなる部位の総称である。

　肉離れは，下肢において発生する筋損傷として広く知られている。ラグビー，アメリカンフットボール，サッカー，陸上短距離などで，瞬時にトップスピードに達するようなダッシュをする時や，切り返し動作を行う時に発生する。特に大腿では**大腿四頭筋**（大腿前面の筋）と**ハムストリングス**（大腿二頭筋と半腱様筋，半膜様筋によって構成される大腿後面の筋）に多く発生し，下腿では**腓腹筋**（下腿後面の筋）に発生する。また，肉離れは，同一部位で再受傷しやすいことから，スポーツ活動の中断や長期的な休養が必要になることもある。したがって，事前のウォーミングアップによって予防し，受傷した場合には適切な治療を行うことが重要である。

　膝関節の安定性を制動する靱帯や**半月板**の損傷は，スポーツで頻繁に発生する膝関節の外傷である。特に，膝関節に対して強い「捻り」や「**外反力**[注4)]」が加わった際に生じる**前十字靱帯損傷**は，膝靱帯損傷の中でも発生頻度が高く，スポーツパフォーマンスに影響する。手術によって靱帯を再建することは可能であるが，スポーツへの復帰に時間を要するため，膝の安定性に関与する筋群の筋力強化や，動作改善により損傷の生じやすい動作を極力行わないような対策をすることが重要である。

　下腿では，繰り返し軽度な力が長期間加わることで生じる**脛骨疲労骨折**や，**オスグッド・シュラッター病**などの障害が発生する。オスグッド・シュラッター病は成長期に発生し，大腿四頭筋が脛骨付着部を引っ張ることによって疼痛が生じる。成長が停止すれば疼痛は消失するが，それまでに引っ張られていた箇所に骨片が生じると，スポーツ活動に支障をきたすため，手術で取り除く必要がある場合がある（**図13-4，表13-5**）。

　足関節では，**アキレス腱断裂**や**足関節捻挫**が起こりやすい。アキレス腱断裂はジャンプ，踏み込み動作などによって，下腿の筋が急激に収縮および引き伸ばされることによって起こりやすい。受傷

注4）　膝への**外反力**とは，膝関節を身体の中心から外側へ反らすような力のことである。

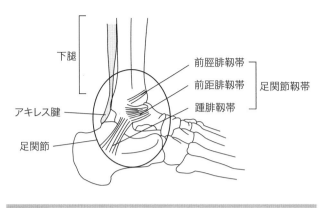

表 13-6　足関節の主な外傷

外　傷
下腿部肉離れ
アキレス腱断裂
足関節捻挫

図 13-5　足関節の模式図。足関節は 3 つの靱帯によってその安定性が保たれている。

時には，受傷者本人や周囲に聞こえるような断裂音を伴うことがあるが，疼痛が軽度であることも多い。足関節捻挫は，スポーツ中に頻発する外傷である。特に多く観察される**足関節内反**（足の裏が内側に向くことで足関節の外側が伸ばされる）**捻挫**は，損傷程度が軽度なものから重度なものまである。特に重度なものは，足関節の安定性を制動する靱帯の**部分断裂**または**完全断裂**を伴うため，疼痛だけでなく不安定性が生じる。また，足関節捻挫は繰り返し発生しやすいため，足関節周囲の筋群の筋力を強化することや，サポータの装着により足関節の制動を補助することが重要である（**図 13-5**，**表 13-6**）。

4. スポーツ現場での救急処置

　スポーツを実施するうえでどんなに念入りに準備していたとしても，突発的な事故は生じる。そのような状況が生じた際に，その場にいる誰もが適切に対応できるようにしておく必要がある。一刻を争うような命の危険が生じた際には，**一次救命処置**〔**心肺蘇生**，**自動体外式除細動器**（**AED**）を用いた**除細動**，**気道異物除去**，**直接圧迫止血法**〕を実施することとなる。特に心肺蘇生と AED による除細動は，傷病者のその後の状態を左右するため，その手順や装置の使用方法をしっかりと確認しておくべきである（**図 13-6**）。また，様々な文献やガイドラインを参照し，情報を常に最新のものにアップデートする必要がある。

まとめ

　前述したように，本来スポーツは身体機能やメンタルヘルスの向上など，心身によい影響をもたらすものである。しかし，元々抱えている基礎疾患や環境変化，予期せぬ出来事によって，身体によい効果をもたらすはずのスポーツが，突然死を引き起こすなど，命を脅かすこともある。したがって，スポーツを実施する本人や指導者，その他スポーツに携わるあらゆる立場の人が，安全にスポーツを実施するための知識を身につけておくことが重要である。

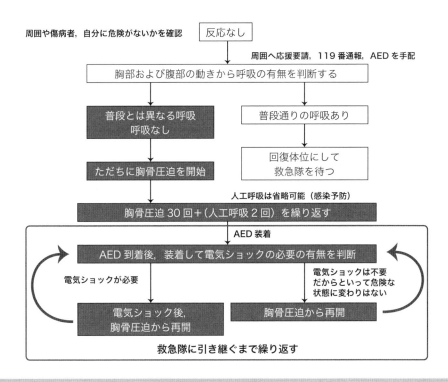

周囲や傷病者，自分に危険がないかを確認　　反応なし

周囲へ応援要請，119 番通報，AED を手配

胸部および腹部の動きから呼吸の有無を判断する

普段とは異なる呼吸　　　　　　普段通りの呼吸あり
呼吸なし

ただちに胸骨圧迫を開始　　　　回復体位にして
　　　　　　　　　　　　　　　救急隊を待つ

人工呼吸は省略可能（感染予防）

胸骨圧迫 30 回＋（人工呼吸 2 回）を繰り返す

AED 装着

AED 到着後，装着して電気ショックの必要の有無を判断

電気ショックが必要　　　　　　電気ショックは不要
　　　　　　　　　　　　　　　だからといって危険な
　　　　　　　　　　　　　　　状態に変わりはない

電気ショック後，　　　　　　　胸骨圧迫から再開
胸骨圧迫から再開

救急隊に引き継ぐまで繰り返す

図 13-6　1 歳以上の子どもに対する心肺蘇生法と除細動の手順。意識の確認後，呼吸の有無によって対応方法が異なる。ただし，呼吸が確認できたからといって油断せず，救急隊到着までは傷病者を注意深く観察しながら，状態変化に対応できるようにする。(文献 2 より一部改変)

参考文献

1) 細川由梨：熱中症の病態に基づく評価と対応．臨床スポーツ医学，37: 646-650.
2) 輿水健治：令和版　基礎から学ぶ！スポーツ救急医学，ベースボール・マガジン社，東京，2020.
3) Maron BJ, Zipes DP: Introduction: eligibility recommendations for competitive athletes with cardiovascular abnormalities - general considerations. J Am Coll Cardiol, 45: 1318-1321, 2005.
4) 日本救急医学会：熱中症診療ガイドライン 2015．厚生労働省ホームページ https://www.mhlw.go.jp/file/06-Seisakujouhou-10800000-Iseikyoku/heatstroke2015.pdf（2020 年 12 月 10 日確認）
5) 日本スポーツ協会指導者育成専門委員会スポーツドクター部会 監修：スポーツ医学研修ハンドブック 基礎科目，第 2 版，文光堂，東京，2011.
6) 総務省消防庁：過去の全国における熱中症傷病者救急搬送に関わる報道発表一覧 2015 年～ 2019 年 5 月から 9 月の熱中症による搬送状況.

14 スポーツとコーチング

矢野　広明，富永梨紗子

はじめに

　スポーツ領域で「**コーチング**」という用語を用いる場合，その包含範囲は他領域で使われているようなコミュニケーションスキルの1つとしてのコーチングにとどまらない。本章は，スポーツにおけるコーチングの定義とその特性の概要，コーチに求められるものだけでなく，スポーツにかかわるすべての人が安全で安心な環境を構築することを目指す「**セーフスポーツ**」という概念について理解することを目的とする。

1. コーチングとは

1）コーチングの定義

　私たちは，スポーツを指導する立場にある人をコーチと呼び，指導する行為をコーチングと呼ぶ。**コーチ**（coach）という言葉は，馬車に由来する。馬車は人を目的地に運ぶ道具であることから，スポーツの指導を行う人物もコーチと呼ばれるようになった。

　本章では，コーチとコーチングの定義として，文部科学省のスポーツ指導者の資質能力向上のための有識者会議（タスクフォース）[17]で示されたものを採用する。すなわち，コーチとは「すべての競技者やチームをコーチングする人材のこと」であり，コーチングとは「競技者やチームを育成し，目標達成のために最大限のサポートをする活動全体のこと」である。

　ここで重要なのは，スポーツにおけるコーチングという言葉は，一般的にビジネスなどで使用される場合よりも，包含している範囲が広いということである。ビジネスなどで使用されるコーチングは，「**ティーチング**」と明確に区分されて使用されている。伊藤[12]はコーチングを「戦略的なコミュニケーション・スキルの1つであり，コーチとは，会話を広げ，会話を促進する，コミュニケーションのファシリテーターである」としている。しかし，スポーツのコーチング現場では，コーチが明確に指示（インストラクション）を行ういわゆるティーチングが適した状況も存在する。したがって，コーチはこの2つの手段を状況に応じてバランスよく使い分ける必要があるといえる。

2）コーチング現場の特性

　「○○さん，明日から私たちのチームのコーチになってくれませんか？」このように，コーチ経験のない状態で，突然コーチになってほしいと依頼されたら，何を考えるだろうか。自分が指導を受けてきたコーチの姿を思い浮かべるかもしれないし，有名なコーチの姿を思い浮かべるかもしれない。巷に溢れるコーチ指南本を手に取り，コーチング手法を勉強するかもしれない。しかし，選手はそれ

それ年齢や性別，身体的特徴，性格などが違っており，行う競技，所属する団体，国や地域などの文化的背景や，練習や試合における気象条件，経済的条件も様々である。コーチはそのような多種多様な状況（**コンテキスト：文脈**)に対応していかなければならない。よって，コーチングは混沌とした泥沼的な状況で行う**即興の連続**だといわれ

表14-1　グッドコーチに向けた「7つの提言」	
1	暴力やあらゆるハラスメントの根絶に全力を尽くしましょう
2	自らの「人間力」を高めましょう
3	常に学び続けましょう
4	プレーヤーのことを最優先に考えましょう
5	自立したプレーヤーを育てましょう
6	社会に開かれたコーチングに努めましょう
7	コーチの社会的信頼を高めましょう

（文献16より引用)

ている [5]。コーチはどれだけコーチングのハウツーを勉強し，知識を得たとしても，同じ状況は二度と起こらないということを認識しておかなければならない。

3) コーチングの哲学

変化が激しいコーチング現場においては，コーチにのしかかる負担は大きく，時に**勝利至上主義**に陥り，**体罰**や**ハラスメント**を引き起こしてしまう恐れがある。そのような状態に陥らないためには，指導という実践に従事する際に，その目的を明確にするものとして**コーチング哲学**は欠かせない要素である [24]。前述の通り，コーチング現場の状況は多種多様であるため，コーチング哲学もコーチによって様々である。しかし，効果的なコーチングの指針となるものはいくつか提唱されている。

文部科学省のコーチング推進コンソーシアムが定めた「グッドコーチに向けた7つの提言」[16] を**表14-1**に示した。この特徴として，選手の競技成績について触れられていないことが挙げられる。さらに，Côté ら [4] によれば，スポーツに参加することの最終的な成果は，**参加**（Participation），**パフォーマンス**（Performance），**個の成長**（Personal Development）であるとされ，これらは3つの語の頭文字から「**3P's**」と呼ばれている。また，それらの成果を得るための効果的なコーチングについては，「自分が置かれているコーチングコンテキストにおいて，一貫して専門的知識，対他者の知識，対自己の知識を用い，選手の**有能さ**（Competence），**自信**（Confidence），**関係性**（Connection），**人間性**（Character）を育んでいくこと」と定義されており [3]，これらは4つの語の頭文字から「**4C's**」と呼ばれている。個の資源といわれている4C'sを向上させることが，最終的に3P'sという成果に繋がると期待されている。しかし，コーチは4C'sに直接働きかけることができないため，「**多様なスポーツ活動への参加**」，「**質の高い関係性の構築**」，「**適切な環境設定**」を行うことで，間接的に影響を与えていく必要があると述べられている。

また，スポーツを行う動機も重要な要素である。Ryan ら [23] は，人間が行動を起こすための心的な駆動力を「**動機**」と呼び，自分の内側から沸き起こる動機を**内発的動機**，外部から与えられる動機を**外発的動機**とし，内発的動機による行動は外発的動機によるものよりも学習の効果が高く，なおかつ心理的な幸福感を得やすいと述べている。つまり，コーチは日々の練習においても，選手が内発的**動機づけ**によってトレーニングを行えるよう，創意工夫をする必要がある。ただし，内発的動機による行動に対し，報酬などを与えるような外的制約によって動機が低下するという**アンダーマイニング効果** [6] についても認識しておく必要がある。

このように，常にアスリートを中心に置いて指導することで，アスリート本人の学びを最適化し，パフォーマンス向上に繋げるための手法を「**アスリート・センタード・コーチング**」と呼び，日本の

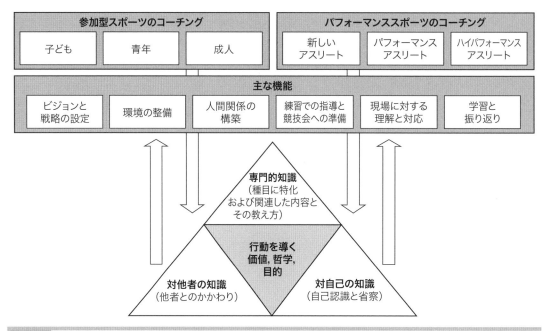

図14-1　コーチが果たすべき主な機能と備えるべき知識（文献 10 より筆者が和訳）

みならず，様々な国や機関で支持されている。

2. コーチの機能と役割

　コーチが実際に担うべき機能と役割はどのうようなものだろうか。ここでもう一度，自身のコーチとしての姿をイメージしてもらいたい。多くの人は，練習中に選手をコーチングしている姿を思い浮かべるのではないだろうか。しかし，その選手と目的や目標を共有しているだろうか。その練習場にある道具は，誰がどのように調達しているのだろうか。選手の保護者や関係者との関係はどうだろうか。自分自身のコーチング能力を伸ばすための学びや，内省（自身の考えや言動を省みること）ができているだろうか。国際コーチングエクセレンス評議会（International Council for Coaching Excellence：ICCE）[10] は，コーチの果たすべき主な機能や役割として，①**ビジョンと戦略の設定**，②**環境の整備**，③**人間関係の構築**，④**練習での指導と競技会への準備**，⑤**現場に対する理解と対応**，⑥**学習と振り返り**，という６つを挙げている（**図 14-1**）。このように，コーチが果たすべき機能と役割は非常に多い。だが，これらをすべて１人で背負う必要はない。自身が得意とする分野を主軸にして，それ以外の分野については周囲の人に協力を仰ぎ，コーチ同士が相互補完を行い，１つの有機的結合体として機能すればよいのである。

3. コーチの学び

　社会の発展とともにスポーツも多様化し，コーチングもスポーツ科学やテクノロジーと無縁ではいられなくなった。コーチが，それぞれのコンテキストに適したコーチングスキルを向上させるために，学ぶ必要性は益々高まっていると考えられる。前述した「グッドコーチに向けた７つの提言」の中

にもある通り，コーチは常に学び続
けなければならない。では，コーチ
の学びとはどのようなものなのか。

　ICCEによれば，コーチの学びの
場は大きく**媒介学習**と**非媒介学習**
の2つに分けて理解されている（**図
14-2**）。媒介学習とは，他者との直
接的なかかわりによって学びが起き
る場のことを意味しており，さらに
フォーマル学習と**ノンフォーマル学**
習に分けられる。フォーマル学習と
はコーチ資格プログラムや大学など

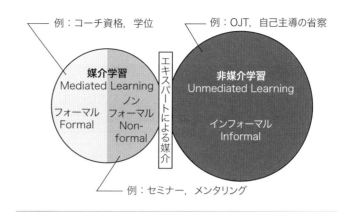

図14-2　コーチの学びの場の分類（文献19より引用）

での公的教育プログラムのことを指し，ノンフォーマル学習とはセミナーへの参加や，相談をする
人（メンティー）と相談を受ける人（メンター）が楽しみながら自由に対話をしともに成長する**メ**
ンタリングなどのことをいう[10]。非媒介学習とは，コーチング現場での経験をもとに行う**内省**であり，
帰宅時の車中や自宅などで自ら考える際に起こる学びのことをいう。一見，媒介学習の方がより多く
のことを学べるように感じられるが，コーチの学びにとっては非媒介学習の貢献の方が大きいといわ
れている。

　日本のコーチ育成の状況をみると，日本スポーツ協会（当時は日本体育協会）が2014年に文部科
学省委託事業「コーチ育成のためのモデル・コア・カリキュラム」[22]作成に着手した。従来のコー
チ育成カリキュラムでは，スポーツ医・科学や専門競技に関する知識や技能に多くの時間を割いてい
たが，変更後は思考・判断，態度・行動といったコーチの人間力を向上させる時間を増やし，講義の
展開方法は**アクティブ・ラーニング**（参加者がある物事を行い，行っている物事について考える）形
式を中心とした構成となっている。また，新たに**OJT**（**オン・ザ・ジョブ・トレーニング**：現場で
の実務を通じて行う教育訓練）として現場実習の時間が組み込まれている。ここからも，コーチの学
びについて，現場での実践から学ぶことが重視されていることが理解できる。

4. 省察

　前述の通り，コーチは媒介学習として他者とのかかわりの中で学び，非媒介学習として実践を通し
た様々な事象の経験から学ぶことで，自身のコーチング能力を向上させていかなければならない。そ
の中で，重要なプロセスが「**省察（リフレクション）**」である。哲学者Deweyは，「私たちは経験か
ら直接学ぶのではなく，経験を省察する時に学ぶ」と述べ，また省察について「経験を意味づけ，学
びにつなげていく認知的作用のこと」としている[18]。

　日本体育大学大学院体育科学研究科コーチング学専攻では，コーチが省察を行う際に「**アクション**
リサーチ」という手法を用いている。アクションリサーチはLewinによって開発された組織開発の
アプローチ方法の1つであるが[18]，現代では教育現場などで実践者のスキルを向上させるために用
いられており，スポーツコーチング領域でもいくつかの先行研究が報告され，コーチングスキル向上
に有効であることが示されてきている[2, 14]。アクションリサーチの手法はいくつかあるが，本研究科

では計画，実践，モニタリング，評価のサイクル（**図14-3**）を何度か繰り返すことにより，研究者であり実践者でもあるコーチのコーチング能力の向上を目指す手法を実践している。そこでは，コーチが自身のコーチング現場の映像と音声を記録し，それをみながらコーチング学の専門家や他競技種目のコーチなどとコーチングに関する意見を交わし，コーチング能力の向上をはかっている [11]。

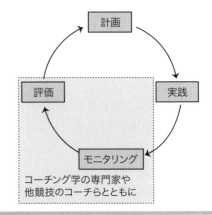

図14-3 日本体育大学大学院コーチング学専攻におけるアクションリサーチのサイクル

5. コーチングスキル

前述したようにコーチングとは「競技者やチームを育成し，目標達成のために最大限のサポートをする活動全体のこと」である。では，具体的にどのような言動を行えば，競技者やチームを最大限サポートすることができるのだろうか。これは，競技の特性に応じて求められるものがあるため，まずは各競技団体が推奨するコーチング手法を参照してもらいたい。例えば日本サッカー協会は，コーチング方法として，①フリーズコーチング，②シンクロコーチング，③ミーティングの3つを使い分けることを推奨している [21]。また，日本ラグビー協会は，ラグビーの国際統括団体であるワールドラグビーの定めるコーチングアプローチに準拠し，① tell（指示・説明），② sell（提案），③ ask（質問），④ delegate（委譲）の4つのアプローチを使い分けることを推奨している [20]。

1）Questioning

競技によって様々なコーチング方法があるが，その中でも多くのコーチが選手のサポートを行ううえで実践しているのが「**Questioning**」ではないだろうか。Questioning とは，選手の気づきを促す質問を行い，選手に決定権を与えるコーチング手法の1つである。効果的な Questioning は選手の自律性の要求を満たし，学習プロセスへの積極的な関与と，概念的理解の強化が期待できる [8, 13]。質問は「はい」や「いいえ」で答えられる**クローズドクエスチョン**と，それだけでは答えられない**オープンクエスチョン**に分けられ，後者のほうが選手の気づきを促しやすいといわれている。また，オープンクエスチョンはさらに**下位の質問**（low-order Questioning）（答えが1つしかないような単純な質問）と**上位の質問**（high-order Questioning）（抽象的または高レベルの思考プロセスが必要な質問）に分けられる [14]。

2）GROW モデル

また，Questioning を行う際に参考となるフレームワークの1つに，「**GROW モデル**」がある。GROW モデルは Alexander によって開発され，Whitmore によって普及されたフレームワークである。「Goal（**目的**）（選手が各練習で何を達成したいのかを明確にしたり，コーチングの焦点を決め）」「Reality（**現状**）（現状の意識を高めたり，現状が選手の目標にどのような影響を与えているかを調べる）」「Options（**解決策**）（利用可能な選択肢を特定し，評価したり，解決に合わせた思考および新しいアイデアを奨励する）」「Wrap-up/Will（**行動計画**）（選手が次のステップを決定するのを支援

したり，行動計画を作成し，モチベーションを高める）」の順に質問していくことで，選手の自律性を支援するといわれている[7]。

3) Game Sense

　近年では，「Game Sense」という手法もいくつかの先行研究において効果的なコーチング手法として報告されている[13,15]。Light[15]によると，Game Sense は，コーチによって設計されたゲーム性のある状況下で練習を行い，選手が積極的に練習にかかわっている間に，自分のスキルと状況判断能力を向上させることを可能にする，選手中心の質問ベースのアプローチである。また Kidman[13] は，Game Sense により得られる効果は，選手の independence（独立性），perceptual powers（知覚力），decision making ability（意思決定能力）を向上させることだと述べている。

6. セーフスポーツ

　日本では，運動部活動をはじめとするスポーツの指導において，体罰やハラスメントの問題が次々と報告されてきた。本来，スポーツに体罰やハラスメントは不必要のはずであるが，現実にスポーツコーチングの課題として存在している。阿江[1] によると，特に日本においては指導者に教育的な懲戒を認めていた文化的な背景があり，体罰やハラスメントが黙認されやすい状況である。また，体罰を経験したものほど，体罰を肯定的に捉える傾向があることも，根絶にいたらない背景であると述べている[1]。

　日本スポーツ協会は 2013 年に「スポーツ界における暴力行為根絶宣言」にて，指導者だけでなく選手も暴力行為を行わず，黙認せず，フェアプレー精神でスポーツの場から暴力行為の根絶に努めることを宣言している。しかし，2020 年に国際的な人権 NGO である Human Rights Watch[9] が報告した内容によると，スポーツにおける暴力は依然として存在しており，その要因の 1 つとして，日本にはスポーツにおける子どもへの虐待を明示的に禁止する法律がないことに言及している。

　国際的には，IOC（国際オリンピック委員会）が声明文「スポーツにおけるセクシュアル・ハラスメントと性的虐待」において，スポーツに携わるすべての人は，恐怖のないスポーツ環境の恩恵を受け，他の環境と同じように，スポーツの文脈で人権を表明する権利があると述べており，選手に対するあらゆる形態の非偶発的な暴力がなく，尊重され，公平で，自由な競技環境のことを「**セーフスポーツ**」と定義している。

　しかし，コーチから選手に対してのみならず，あらゆる形のハラスメントは選手からコーチ，選手同士，保護者からコーチ，保護者から審判など，スポーツにかかわるすべての人が受ける恐れがある。よって，この「セーフスポーツ」という環境は，スポーツにかかわるすべての人が創出し，発展させ，継続する役割を担う必要があり，常に皆が well-being（健康で幸せな状態）を得るようにしなければならない。

　体罰やハラスメントの根絶も，「セーフスポーツ」の発展も，一朝一夕で達成できるような特効薬はない。文化を変えるような大きなうねりを引き起こすには，人数と時間が必要である。コーチや選手だけでなくスポーツにかかわるすべての人が，安全で安心な環境の中でスポーツを楽しむことができるよう，誰もが効果的に学び続けられるシステムを構築していくことが必要と考える。

スポーツとコーチングについての対話

　本章では，スポーツにおけるコーチングについて説明してきた。その内容を実際にスポーツの現場でどのように実践すればよいのか，ここでは新米コーチのＡさんと，コーチング学の専門家であるＭ教授の対話を通して学んでいこう。

第1幕　コーチング哲学

　Ａさんは，体育大学に入学し，スポーツ科学に関する授業を数回受講したばかりの学生である。Ｍ教授は，その体育大学の教授で，日本のコーチング学を牽引する人物である。ある日，Ａさんのスマートフォンに1通のメールがきた。出身高校の部活動の顧問から「コーチとして力を貸してほしい」という内容だった。Ａさんは，コーチとしての知識や経験はなかったが，去年まで主将として成長させてもらった部活動への恩返しと思い，依頼を受けることにした。Ａさんは，コーチとして何をすればよいのかを相談するため，Ｍ教授の元を訪れた。

新米コーチＡ	Ｍ教授，はじめまして。今度，出身高校の部活動のコーチをすることになりました。私にコーチのイロハを教えてくれませんか？
Ｍ教授	はじめまして。まずは，あなたのコーチとしての船出を心から祝福します。これから長い航海になると思いますが，目的地を見失うことなく，成長し続けてください。
新米コーチＡ	わかりました。早速ですがＭ教授，コーチって何をすればいいんですか？
Ｍ教授	まぁ，そう焦らないでください。私とあなたは初対面です。まずはお互いの信頼関係を築くことが大切です。そもそもあなたはどのようなコーチになりたいのですか？
新米コーチＡ	どのようなコーチ？　考えたことなかったです。
Ｍ教授	世の中には多くのコーチ指南本があります。今のあなたのように，てっとり早く明日使えるコーチング方法を求めて，練習方法を紹介するような技術的な本に目が行きがちでしょう。しかし，まずは自分がどのようなコーチになりたいのかを明確に持つことがとても大切です。そのため，現時点で自分がどのような価値観や哲学を持っているかを自己分析する必要があります。
新米コーチＡ	たしかに，私は明日使えるコーチング方法を教えてもらえることを期待していました。でも，いきなりコーチング哲学といわれても，あまりピンと来ません。
Ｍ教授	それでは，過去にあなたが受けたコーチングを標本として考えてみましょう。中学と高校で部活動をされていたのですよね？　それぞれのコーチはどのような方でしたか？
新米コーチＡ	中学の時は，とにかく練習が厳しくて，部活の中のルールも厳格でした。監督が「勝つこと以外は悪だ」と常々いっていて，私たち自身もそう思っていました。練習が辛くて行きたくない日が多かったですが，練習を休むと監督に怒られ，蹴られることもありました。ただ，そのおかげで県大会で準優勝することができました。
Ｍ教授	なるほど。厳しい練習をしたからこそ，結果が出たということですね。高校生の時はどのようなコーチでしたか？
新米コーチＡ	高校の時は競技経験がない顧問の先生がいるだけでした。顧問の先生は技術的な指導はしなくて，見てるだけという感じでした。体調管理はしっかりしようといわれたくらいです。なので，自分たちで練習メニューとかを考えてやっていました。厳しい練習を自分たちに課してやってたけど，結果はあまりよくなかったです。
Ｍ教授	なるほど。中学生の時と比べて対照的なコーチだったようですね。その2人のコーチを簡潔に言い表わすとしたら，どのようなコーチと言えそうですか？
新米コーチＡ	中学の監督は「勝利至上主義の熱いコーチ」で，高校の顧問は「放任主義の近所のおじさん」といった感じです。

M 教授	おもしろい表現ですね。では，選手が練習に遅刻して来た場合，高校生の時のコーチはどのように対処されていたのでしょうか？
新米コーチ A	顧問の先生は，僕たちが試合に勝っても負けても特に関係ない感じだったので，何も言われませんでした。その代わり，自分たちでルールを決めて，遅刻した人は腕立て伏せをさせてました。
M 教授	なるほど。それでは，あなたがコーチだったらどうしますか？
新米コーチ A	時間管理ができることは，社会に出たらすごく大切だと思うので，遅刻するなと指導します。
M 教授	なるほど。あなたはコーチングという活動を通して，競技力を向上させるということ以外にも，人間力の向上にも価値を持っているのですね。
新米コーチ A	たしかにそうです！　自分ではあまり意識していませんでしたが，こんなふうにケーススタディをすると，自分の考えがはっきりしてくるような気がします。
M 教授	それでは，他にもいくつかの状況をつくって，自分の価値観とコーチング哲学をまとめてみましょう。

　こうして，A さんは M 教授の力を借りながら，自身の価値観と哲学について考え始めた。選手がとてもよいプレーをした時，失敗を繰り返した時，試合に勝った時，負けた時，コーチの言葉に納得していない時など，読者はどのような言動をとるだろうか。考えてみよう。

新米コーチ A	M 教授，できました！　私が経験した 2 人のコーチにはそれぞれ参考にすべき価値観とそうじゃないものがありました。それらを踏まえて，私のコーチング哲学は「選手が主体となって勝つチームをサポートする」です！
M 教授	なるほど。それでは，早速，練習計画を立てて，コーチングを実践して来てください。
新米コーチ A	え？　もうですか？
M 教授	「OJT（オン・ザ・ジョブ・トレーニング）」といって，実践による経験そのものを学びの糧とし，「省察」を通して能力を向上していく手法です。経験によってすべての学びを得られるわけではありませんが，コーチの学びの場としては非常に有効なものです。
新米コーチ A	わかりました。とりあえず，今週末から早速コーチングをやっていきます！

第 2 幕　コーチング現場の特性

　A さんは，M 教授から OJT を勧められて，早速，練習に行くことになった。高校時代のことを思い出しつつ，大学入学後に学んだスポーツ科学に関する知識を応用しながら，綿密な練習計画を作成して，初日に臨んだ。

新米コーチ A	皆さん，こんにちは。今日からコーチをすることになりました。よろしくお願いします。早速練習を始めましょう！

　A さんがコーチに就任したのは，自分が去年まで所属していたチームだったので，選手との関係構築は容易だった。また，大学でスポーツ科学を学んだことが本人の自信になっており，自分の経験や知識を少しでも選手に教えようと意気込んでいた。

新米コーチ A	ねえ君，この時はこうした方がいいよ。
選手 B	はい。わかりました。
新米コーチ A	君の場合はここをこうするべきだね。スポーツ科学的にはこういう理論があるからさ。
選手 C	あ，はい。

新米コーチＡ	（よし，大学で勉強してきたことを活かせてるし，選手もうなずいている！ この調子だ！）

　練習が始まった当初はＡさんの予定通り進み，順調なスタートであった。実際にやって見せるなど，選手に対して自分の経験や知識を積極的に教えていた。しかし，時間が経つにつれて，想像していない所で選手がミスを起こしたり，指導することに夢中になって予定していた時間が過ぎてしまっていたりと，思うように進まなくなってきた。また，期待通りの結果が出なくてもヘラヘラしている選手がいて，Ａさんは次第にイライラが募ってきた。

新米コーチＡ	おい，そこ，簡単なミスするなよ！　集中しろ！
選手Ｄ	はい！
新米コーチＡ	こういう時はこうなっているから，こんなふうにした方がいいよね？
選手Ｅ	はい。
新米コーチＡ	おい君，ここはこうしろっていったじゃん！
選手Ｃ	あ，でも，この時はこう思ったので…。
新米コーチＡ	いやいや，絶対こっちのほうがうまくいくから，ちゃんとやってよ！
選手Ｃ	はい。
新米コーチＡ	（こんなんじゃ絶対勝てない。もっとたくさん教えて強くしてやらないと…。）

　結局，予定していた練習時間から大幅に遅れて，すべての練習メニューが終了した。Ａさんが帰り支度をしている時，主将の選手が話しかけてきた。

主将の選手	今日はありがとうございました。これまで選手だけでやっていた練習よりも緊張感があったし，いろいろ教えてもらえたので，いい練習だったと思います。でも，なんか，選手は前の方が活発だったような気がしました。
新米コーチＡ	お疲れ様。ちょっと途中で厳しく言っちゃったけど，集中してない選手がいたからね。これからも大学で勉強したことを使って，みんなにいろいろ教えようと思うから，頑張ろう。

　Ａさんは，主将の選手から感謝されたことは嬉しかったが，選手が活発ではなかったという言葉が頭に残り，素直には喜べなかった。その後，顧問の先生が声を掛けに来てくれた。

顧問の先生	今日はお疲れ様。みんないつもより緊張している感じだったね。ところで，今後の目標とかビジョンって考えているかな？
新米コーチＡ	え？　目標，ビジョンですか？　今は特にないですけど。
顧問の先生	そっか。今度，保護者と顔合わせをしようと思っているから，それまでには考えておいてね。あと，練習道具とか必要なものもあるだろうから，気軽に声をかけてね。じゃ，これからよろしくね！
新米コーチＡ	はい，わかりました。こちらこそ，よろしくお願いします。

　Ａさんは，保護者との関係や練習環境の構築など，これまで考えたことがなかったことを依頼され，コーチはやるべきことがたくさんあるなと思いつつ，コーチとしての初日が終了した。帰宅途中の電車の中で，車窓に映る自分の姿を見ながら，今日の練習を振り返り始めた。

新米コーチＡ	（今日は途中から指導しなくちゃいけないことが多くなって，計画通りには進まなくなったな。時間を管理しながらコーチングするってすごく難しい。それにしても，選手は何を考えて練習しているんだろう。…そういえば，今日はコーチの自分はたくさん話した

　　　　　　　けど，選手たちはどんなことを言ってたかな？）

　A さんは練習中に交わした選手との会話を思い出し始めた。そして，選手はほとんど「はい」としか言っていなかったことに気づいた。

新米コーチ A	（そういえば，一度だけ選手が自分の考えを話してくれたことがあったな。でも，自分の考えを押しつけてしまったかも…。主将が言ってた，「選手が活発じゃなかった」っていうのは，選手のせいじゃなく，コーチの自分に原因があったのかもしれない。中学の時の監督みたいになっちゃってたかも。顧問から依頼された新しいタスクもあるし，もう一度 M 教授を訪ねてみよう。）

第 3 幕　スポーツコーチングとは？

　A さんは M 教授との話し合いの時間を 1 時間確保することができた。その 1 時間で何をどこまでの状態にしておきたいのかという学習成果（アウトカム）を明確にして，M 教授の部屋を訪ねた。

M 教授	こんにちは。初めてのコーチング現場はどうでしたか？　私を訪ねてきたということは，早速いろいろな改善すべき点が生まれたのではないかと推察しています。
新米コーチ A	はい，考えなければいけないことが山ほど見つかりました。
M 教授	嵐の中，どちらに進めばいいのかわからなくなっている状態のようですね。コーチング現場は，計画していたことが予定通り進むことのない混沌とした泥沼的な状態であり，「構造化された即興」の連続であるといわれています。
新米コーチ A	構造化された即興？
M 教授	ピアニストやダンサーが即興で音楽やダンスを表現することがあると思います。表現者はただ漠然とやっているわけではなく，自分が培ってきた経験や能力を駆使して，その場に合った最適な手段を紡いでいると考えられます。そういう意味で，構造化されていると考えることができます。
新米コーチ A	なるほど。先日の練習では，初めの方は比較的予定通りに進んでいたのですが，途中から全然予定通りに進まなくなったり，選手が自分の思っている通りの動きをしなかったりして，気づいたら，中学の時の監督のような威圧的な言動をしていました。主将の選手からは，選手たちがあまり活発ではなかったと言われてしまいました。選手がもっと楽しく練習するにはどうすればいいのでしょうか？
M 教授	それはとてもよい気づきと学びを得ることができましたね。選手が楽しく練習することは非常に大切だと思います。ただ，あなたの考える「楽しさ」とは，どういう状態のことですか？
新米コーチ A	うーん，単にワイワイやることではなくて，厳しい練習に対しても，目的意識を持ってやっている状態かなと思います。
M 教授	キツくて厳しい練習にもポジティブで参加意欲が高い状態といえそうですね。私の知り合いのコーチング学の I 教授は「ハードファン（hard fun）」という言葉を使っていましたね。では，楽しく練習ができる方法を探る前に，前回話し合った内容を振り返りましょう。あなたのコーチング哲学は「選手が主体となって勝つチームをサポートする」でしたよね？　選手が主体となるとはどういう状態でしょうか？
新米コーチ A	自分に当てはめて考えると，主体的に取り組んでいたなと感じる時は，課題を解決しようと自分で色々考えながらやっている時だと思います。
M 教授	その時の課題は監督や顧問から提示されたものでしたか？
新米コーチ A	そういう時もありましたけど，自分で考える時の方が多かったと思います。
M 教授	では，その課題をクリアするのは，誰かに褒められたいとか，報酬のようなものがもら

	えるからという理由でしたか？
新米コーチ A	いえ，純粋にそのプレーができるようになりたいという一心でした。
M 教授	では，コーチという立場で，選手をサポートするとはどういうことですか？
新米コーチ A	OJT の前までは，自分が知っている知識を教えてあげることで，選手が早く上達することだと思っていました。でも，今は何となく，選手自身が自分で解決策を見つけて上達していけるように，手助けをするほうがいいのかなと感じています。
M 教授	自分の知識を教え込むのではなく，選手自身の気づきを促進する，いわゆる「ファシリテーター（facilitator）」のような行為がサポートだということですね？
新米コーチ A	「ファシリテーター」という言葉は初めて聞きましたけど，そんな感じです。
M 教授	では，選手の気づきを促進するためには，具体的にどのような言動が必要になるでしょうか？　自分のこれまでの経験を思い出しながら，何かアイデアを出してみてください。
新米コーチ A	M 教授と話していると，どんどん考えが深まったり，気づいたりするので，こんな感じで質問されるのがいいのかなと思います。
M 教授	なるほど。コーチング学の中では，質問することを「Questioning」といい，1 つの技術だと考えられています。つまり，技術ということは，練習すれば向上させることができるということです。それでは，私があなたにどのような Questioning をしていたか，分析してみましょう。
新米コーチ A	うーん，私の考えを引き出すような質問というか，「x = y だよね？」的な簡単な質問じゃない感じです。
M 教授	私が「x = y だよね？」という質問をすると，あなたはどう答えますか？
新米コーチ A	それがその通りであれば，「はい」と答えます。
M 教授	もしあなたの考えと違っていたら？
新米コーチ A	うーん，自分よりも M 教授の方が専門家だし，学生と教授という関係なので，「はい」か「そうなんですねぇ」と答えると思います。なかなか，「いいえ」とは答えにくいです。
M 教授	そうですね。A さんのコーチング現場でも，もしかしたら選手もそう思って，「はい」と答えているかもしれませんね。お互いの関係がどうであれ，自分の考えを口に出して言える信頼関係（ラポール：rapport）を築くことが重要だと思います。
新米コーチ A	確かに，前回の練習の中で，選手はほとんど「はい」しか答えていませんでした。それは，私がそうとしか答えられないような Questioning をしていたんですね！　「はい」とか「いいえ」で答えられるような質問は，選手があまり考えなくていいし，選手が実際何を考えているのかが全然わからいないです。
M 教授	どうやら，Questioning をする際は，なるべく「はい」や「いいえ」では答えられない内容で問いかけることが重要といえそうですね。さらに Questioning を高めるために，「GROW モデル」などのスキルがあるので，徐々に習得していきましょう。
新米コーチ A	Questioning のポイント，少し理解できました！　そして，選手が楽しいと思える練習にするためには，まずは選手の主体性を高める必要があって，そのために必要なスキルの 1 つとして，Questioning が効果的なんですね！　ただ，実際練習をやっていると，Questioning の時間がない時もあります…。
M 教授	実践現場では，様々な状況が入り混じっているため，時に「インストラクション（指示や教示）」が適している場面もあると思います。ビジネス界などでもしばしば「コーチング」という言葉を耳にしますが，そこでは「ティーチング」という手段と明確に区別されています。しかし，スポーツのコーチングでは，その 2 つの手段を状況に応じてバランスよく使い分ける必要があります。そのため，スポーツのコーチングは，より広義の意味で捉える必要があるといえますね。
新米コーチ A	なるほど！　そんな違いがあるんですね。それを聞いて安心しました。スポーツをやっていると，危険を伴う場面があって，そんな時は，コーチがすぐに指摘する必要がある

と思っていたので。でも，なるべく選手の主体性を高められるようなコーチングを多くしたいと思います。

M 教授	何かおもしろそうな練習方法が閃いたような顔をしていますね。
新米コーチ A	さすが M 教授！　選手の参加意欲を高めるために，練習でもゲーム性を持たせたら楽しくなるんじゃないかと思ったんです。同じようなメニューでも，ルールを若干変えながら，そのルールの範囲で選手が工夫しながらプレーする感じで。
M 教授	すばらしいアイデアですね。「Game Sense」という考え方があるので，参考になると思いますよ。
新米コーチ A	練習内容がハードでも，選手が意欲的に取り組んでくれるようなメニューを考えて，ハードファンの状態になれるよう，私も勉強していきたいと思います。実はもう 1 件相談したいことがあるんです。顧問の先生から，チームの目標設定や，練習環境の整備，保護者とのミーティングをやってほしいと頼まれました。コーチの役割の多さに正直戸惑っているんです。
M 教授	顧問の先生は A さんのことを信頼されているのですね。すばらしい機会だと思います。他にもコーチの機能と役割は多くあると思いますが，A さんはどう思いますか？
新米コーチ A	実は，先ほどからそこの壁に貼ってある図（**図 14-1**）が気になっていたんです。コーチが果たすべき機能や役割が 6 つあり，備えるべき知識が 3 つ書かれています。
M 教授	さすが A さん，よく気づいてくれましたね。大切なのは，それぞれの機能や役割を，A さんの状況に照らし合わせて，自分なりに分析することです。この 6 つの機能や役割と 3 つの知識の名称を覚えたところで，A さんのコーチング能力は何も変わっていないのです。
新米コーチ A	コーチング学は実践の学問なんですよね！　早速，その図を参考にしながら，自分が置かれている環境に沿って分析してみます。でも，自分 1 人だとうまく考えられないんで，顧問の先生に相談しながら考えたいと思います。本日もありがとうございました！

　A さんは，課題解決に向けたアプローチ方法を M 教授から教わり，今後のコーチングスキル向上に向けたモチベーションの高まりを感じていた。このように，自身の経験から課題が生じ，その解決に向けて高いモチベーションの下に学びを起こすことが，子どもの学習とは違う成人学習の特徴である。

第 4 幕　セーフスポーツに向けて

　A さんが徐々にコーチングの概要について理解し始めた頃，ある大学で指導熱心と評価を得ていたコーチが，選手に言葉と体罰による暴力を継続的に行い，選手が命を落とすという事件が発生した。この事件は社会的な問題として大きくニュースに取り上げられた。報道によると，このコーチは選手の競技力を向上させるために厳しい練習が必要不可欠であると考えており，自分が選手時代に体罰を受けていて，その経験が社会で生きていくために非常に役立ったと考えていた。A さんはこの件について，M 教授と話す機会を設けた。

新米コーチ A	M 教授，とても悲惨な事件がニュース番組で大きく取り扱われています。スポーツのコーチとして，自分自身も改めて気をつけようと感じています。
M 教授	そうですね。以前から，スポーツ現場での体罰・ハラスメントの問題は，常に焦点となってきました。今回の事件はコーチと選手の事件でしたが，選手と選手（先輩と後輩）によるものもあります。日本では以前から，体罰・ハラスメントが黙認され，時には必要なものとして考えられてきた文化があると言われています。しかし，その文化は一掃しなければいけません。そのため，国家として，スポーツの「インテグリティ：integrity（品位・高潔さ）」を高めるべく，コーチのあるべき姿をまとめたり，コーチ育成の制度を見直したりしています。

新米コーチ A	今はそういう情報を簡単にインターネットで調べられますよね。コーチはまず，そういう情報があるということを知ることが必要だし，調べた後，その情報をどう実践で活用するかが重要なんだと思います。効果的なコーチングについても，先行研究から学ぶことが多そうですね。
M 教授	その通りです。効果的なコーチングについては，それぞれの状況（コンテキスト）に応じて，選手の Competence（有能さ），Confidence（自信），Connection（関係性），Character（人間性）を向上させることが重要であるといわれていますね。これらは 4 つの英単語の頭文字から「4C's」ともいわれています。その他にも，コーチとアスリートの関係性を構築する要因などについても，先行研究で述べられていますよ。
新米コーチ A	なるほど。やはり，そういった情報をコーチは学び続ける必要がありますね。ニュース番組で「勝利至上主義」という言葉をよく耳にしました。私も中学時代に，勝利至上主義的な監督から体罰を受けた経験があります。ただ，その時は自分が悪いから仕方ないと思っていましたし，誰かに相談するような環境もありませんでした。
M 教授	そういう状態に陥っている選手はまだまだ多くいると思います。2020 年に Human Rights Watch という団体から報告されたレポートによると，日本のスポーツに体罰は依然として存在していることがわかっています。コーチ，選手，そして選手の保護者や競技団体など，スポーツにかかわるすべての人が，「セーフスポーツ」という概念を理解し，安全で安心なスポーツ環境を構築することが重要です。
新米コーチ A	「セーフスポーツ」という言葉は初めて聞きました。どのような概念ですか？
M 教授	セーフスポーツとは IOC により「選手に対するあらゆる形態の非偶発的な暴力がなく，尊重され，公平で，自由な競技環境」と定義されています。しかし，先ほども言ったように，選手だけではなく，スポーツにかかわるすべての人が，恐怖のないスポーツ環境の恩恵を受け，他の環境と同じように，スポーツという環境でも人権を表明する権利を持っているのです。
新米コーチ A	なるほど。先ほど M 教授が仰ったように，この「セーフスポーツ」という概念を，コーチだけでなく，選手やスポーツにかかわるすべての人が理解していれば，今回のような痛ましい事件もなくなっていくと思います。
M 教授	はい。しかし，「セーフスポーツ」の概念の普及にも，体罰の根絶にも，特効薬というものは存在しません。文化を変えるということは，非常に根気のいる作業です。これはコーチング能力の向上にもいえることです。大切なのは，常に学び続けること，そして，誰もが効果的に学び続けられるシステムを構築することだと思います。
新米コーチ A	私もコーチとしての歩みを進め始めたばかりですが，自分の言動に責任を持ち，常に学び続けるコーチでありたいと思います。これからも相談に来ていいですか？
M 教授	もちろんです。私と A さんは，大学の教授と学生という関係ですが，「メンター」と「メンティー」のような関係だとも思っています。互いの信頼関係に基づき，常に互いをストレッチする関係（刺激しあって成長を促進し，高い目標に向かって取り組む関係）でいましょう。
新米コーチ A	はい！　今後ともよろしくお願いします！

　M 教授と A さんの対話はここまでである。コーチング学は実践の科学である。読者の方々が学んだ科学的な知識をコーチング現場で存分に活かすためにも，コーチングの引き出しを多く持ち，「構造化された即興」を実践してほしいと願っている。また，近い将来，「セーフスポーツ」という概念が日本スポーツ界の中心的文化になると信じている。

参考文献

1) 阿江美恵子：運動部指導者の暴力的行動の影響：社会的影響過程の視点から．体育学研究，45：89-103，2000．

2) Ahlberg M, Mallett C, Tinning R: Developing autonomy supportive coaching behaviors: an action research approach to coach development. International Journal of Coaching Science, 2(2): 1-20, 2008.

3) Côté J, Gilbert W: An integrative definition of coaching effectiveness and expertise. International Journal of Sports Science & Coaching, 4(3): 307-323, 2009.

4) Côté J, Vierimma M, Turnnidge J: A personal assets approach to youth sports. In: Green K, Smith A, ed., Routledge Handbook of Youth Sports, Routledge, London and New York, 2016.

5) Cushion C: Modelling the complexity of the coaching process. International Journal of Sports Science & Coaching, 2(4): 427-433, 2007.

6) Deci EL: Effects of externally mediated rewards on intrinsic motivation. Journal of Personality and Social Psychology, 18: 105, 1971.

7) Grant AM: Is it time to REGROW the GROW model? Issues related to teaching coaching session structures. Coaching Psychologist, 7(2), 118-126, 2011.

8) Hadfield DC: The query theory: a sports coaching model for the 90s. New Zealand Coach, 3(4), 16-20, 2004.

9) Human Rights Watch：「数えきれないほど叩かれて」日本のスポーツにおける子どもの虐待．Human Rights Watch 報告書，2020．https://www.hrw.org/ja/report/2020/07/20/375777（2020 年 11 月 14 日参照）

10) International Council for Coaching Excellence, Association of Summer Olympic International Federations, Leeds Buckett University: International Sport Coaching Framework, Version 1.2, Human Kinetics, Champaign, 2013.

11) 伊藤雅充：日本体育大学大学院コーチング学系に所属する大学院生コーチが修士論文を執筆することの意義．日本体育大学紀要，45：39-52，2015．

12) 伊藤　守：コーチングマネジメント．ディスカバートゥエンティワン，東京，pp.17-45，2002．

13) Kidman L: Developing Decision Makers: An Empowerment Approach To Coaching, Innovative Print Communications, Christchurch, 2001.

14) Kidman L, Lombardo BJ: Athlete-Centred Coaching: Developing Decision Makers, 2nd edition, IPC Print Resources, Worcester, pp.201-228, 2010.

15) Light RL, Robert JE: The impact of Game Sense pedagogy on elite level Australian rugby coaches' practice: a question of pedagogy. Physical Education and Sport Pedagogy, 15: 103-115, 2010.

16) 文部科学省コーチング推進コンソーシアム：新しい時代にふさわしいコーチングの確立に向けて－グッドコーチに向けた「7つの提言」，2015．https://www.pref.shiga.lg.jp/file/attachment/2041746.pdf（2020 年 11 月 14 日参照）

17) 文部科学省スポーツ指導者の資質能力向上のための有識者会議：スポーツ指導者の資質能力向上のための有識者会議（タスクフォース）報告書，2013．https://www.mext.go.jp/b_menu/shingi/chousa/sports/017/toushin/__icsFiles/afieldfile/2014/06/12/1337250_01.pdf（2020 年 11 月 14 日参照）

18) 中原　淳，中村和彦：組織開発の探究―理論に学び，実践に活かす．ダイヤモンド社，東京，pp.76-79, 142-145，2018．

19) 日本コーチング学会：コーチング学への招待，大修館書店，東京，2017．

20) 日本ラグビーフットボール協会：World Rugby レベル 1 講習会マニュアル．日本ラグビーフットボール協会，東京，pp.19-20，2020．

21) 日本サッカー協会：サッカー指導教本 2012 JFA 公認 C 級コーチ．日本サッカー協会，東京，pp.34-36，2012．

22) 日本スポーツ協会：平成 27 年度コーチ育成のための「モデル・コア・カリキュラム」作成事業報告書，2016．https://www.japan-sports.or.jp/Portals/0/data/ikusei/doc/curriculum/modelcore.pdf（2020 年 11 月 14 日参照）

23) Ryan RM, Deci EL: Intrinsic and extrinsic motivations: classic definitions and new directions. Contemporary Educational Psychol, 25: 54-67, 2000.

24) 佐良土茂樹：「コーチング哲学」の基礎づけ．体育学研究，63: 547-562，2018．

索　引

J-PATEA：JISS-Psychological Ability Test for
　Elite Athlete　78

LGBT　19
LT：lactate threshold　62
lusory attitude　5

ME potential：myo-electric potential　43
monotony　64
mTOR：mammalian/mechanistic target of
　rapamycin　50
MVC：maximal voluntary contraction　44

NASS：Nittaidai Athlete Support System　83

OAT：Osada Autogenic Training　80
OJT：on-the-job training　109，113

PCr　51
PETTLEP モデル　82
PMDD：premenstrual dysphoric disorder　97
PMS：premenstrual syndrome　96

Questioning　110，116

rapport　116
raw EMG　44
RE：running economy　63
RPE：rating of perceived exertion　64

session RPE　64
SIT：sprint interval training　66
SSC：stretch-shortening cycle　43，60
strain　64
surface EMG　44

TGfU：teaching games for understanding　111
3P's　107

$\dot{V}O_2$max　53，62

WBGT：wet-bulb globe temperature　101
WHO：World Health Organization　23

大学体育・スポーツ学への招待

2021 年 3 月 23 日　第 1 版　第 1 刷

編集者	関根	正美
	中里	浩一
	野井	真吾
	大石	健二
	鈴川	一宏
	小林	正利
発行者	長島	宏之

発行所　有限会社ナップ

〒 111-0056　東京都台東区小島 1-7-13 NK ビル

TEL 03-5820-7522 ／ FAX 03-5820-7523

ホームページ　http://www.nap-ltd.co.jp/

印　刷　三報社印刷株式会社

Ⓒ 2021　Printed in Japan

ISBN 978-4-905168-66-9

JCOPY　〈出版者著作権管理機構 委託出版物〉

本書の無断複製は著作権法上での例外を除き禁じられています。複製される場合は，そのつど事前に，出版者著作権管理機構（電話 03-5244-5088, FAX 03-5244-5089, e-mail: info@jcopy.or.jp）の許諾を得てください。